Le Canal du Midi
à vélo

Photo de couverture :
Le Canal du Midi en Minervois

Photographies : Philippe Calas

ÉDISUD, UN ÉDITEUR DE LA COMPAGNIE DES ÉDITIONS DE LA LESSE
AIX-EN-PROVENCE – FRANCE
Tél. 04 42 21 61 44 – Fax 04 42 21 56 20
www.edisud.com – info@edisud.com

ISBN 978-2-7449-0665-7
ISSN 1242-6261

PHILIPPE CALAS

Le Canal du Midi
à vélo

ÉDISUD

Sommaire

Le Canal du Midi en automne

Avant-propos

L'intérêt que je porte au Canal du Midi date maintenant de quelques années. Il est vrai que quand on est un tant soit peu sportif et que l'on veut pratiquer dans cette région la course à pied, le vélo, ou encore le roller, on se dirige naturellement vers les berges de cette voie d'eau qui, comme toutes ses consœurs, fascine et attire toujours les hommes. Un travail avec mes élèves de CM2 à l'école de Portiragnes m'a conduit à effectuer des recherches sur l'œuvre de Paul Riquet et depuis avril 1999, j'ai créé, à titre personnel, un site Internet consacré au Canal du Midi, dont le but est de faire connaître cet ouvrage au monde entier et que l'on peut consulter sur http://www.canalmidi.com. Afin d'enrichir ce site web, j'ai décidé de parcourir en vélo le canal dans son intégralité. J'avais déjà parcouru à de nombreuses reprises des portions de chemin de halage à vélo, mais je n'avais fait qu'entendre parler du trajet complet de Toulouse à Marseillan. Je savais que le chemin était praticable, mais encore fallait-il franchir le pas.

Fin août 2000, je décidai d'effectuer les 240 km du trajet en deux jours. J'avais déjà effectué des randonnées de plus de 100 km mais je savais que ce ne serait pas une simple promenade. L'expérience a confirmé ce que je pensais : 240 km parcourus en 10 h 30 de VTT soit environ 23 km/h de moyenne sur deux jours...

C'est effectivement très faisable pour celui qui pratique régulièrement le vélo, que ce soit sur route ou en VTT, cela peut devenir nettement plus difficile pour quelqu'un qui a moins d'expérience. Quoi qu'il en soit, pour un tel parcours, je conseille de tabler sur au moins quatre jours, car il est indispensable de consacrer du temps à découvrir les richesses présentes tout au long du parcours et elles sont nombreuses. Vous pouvez bien sûr également choisir de ne découvrir qu'un secteur avec une balade à la journée.

Ce dont j'ai pu me rendre compte au cours de ces deux jours, c'est surtout que rien n'est prévu pour faciliter la tâche du cycliste : par exemple, on ne trouve aucune information sur le côté du chemin de halage à emprunter lorsque le choix est possible ; les points de ravitaillement ne sont pas indiqués ; on ne voit pas toujours bien les sites remarquables et ils ne sont pratiquement jamais commentés...

Tout est à faire pour valoriser le Canal du Midi et je trouve dommage que l'on puisse longer un monument historique classé au patrimoine mondial par l'Unesco sans trouver aucune information culturelle, historique ou technique sur les 350 ouvrages qui en balisent le parcours. Le classement de prestige à l'Unesco a apporté une reconnaissance, malheureusement aucune aide financière n'a suivi. Les moyens manquent aux Voies Navigables de France, qui sont les gestionnaires de cette propriété de l'État, pour le mettre en valeur et l'aménager en vue du cyclotourisme. Le travail est énorme. C'est d'ailleurs avec l'autorisation des VNF que vous pourrez effectuer votre randonnée sur le Canal Royal de Languedoc. Voilà donc la raison d'être de ce guide : donner au lecteur qui veut se lancer dans l'aventure toutes les informations nécessaires pour ne pas être gêné par le côté pratique et pouvoir apprécier à sa juste valeur ce Canal tricentenaire qui mérite bien que l'on s'arrête de temps en temps afin de découvrir son histoire et d'apprécier sa beauté.

Philippe CALAS

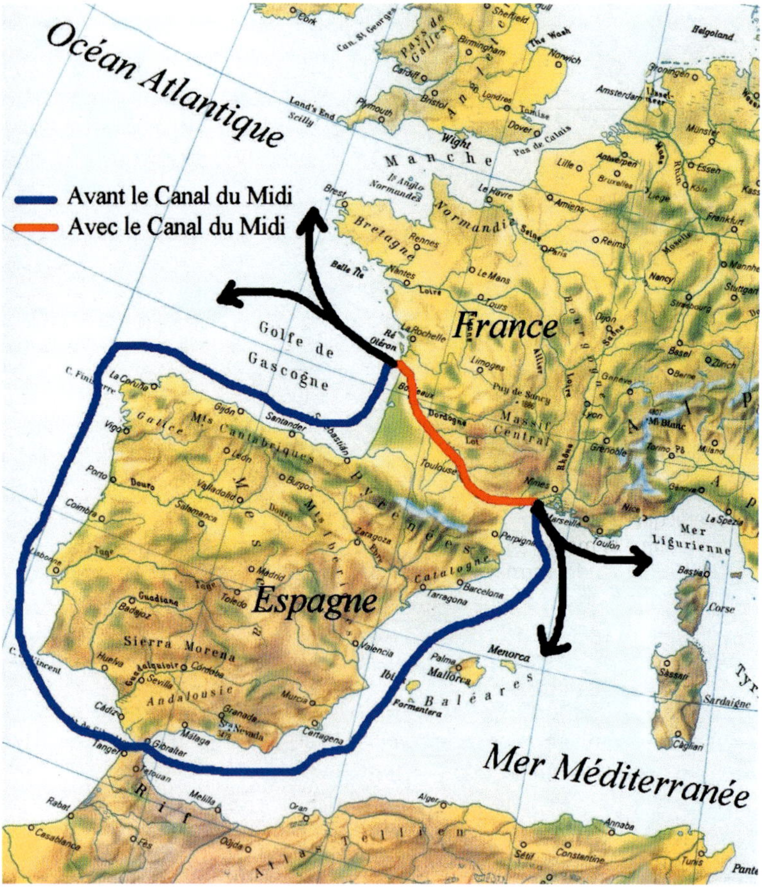

Le principe du Canal du Midi

1. LE CANAL DU MIDI

1.1 GÉNÉRALITÉS

Voici quelques informations qui vous permettront de vous faire une idée sur les caractéristiques générales du Canal du Midi.

Sa raison d'être : l'idée de relier la Garonne à la Méditerranée par un canal remonte à l'Antiquité sous l'empereur Auguste et a été reprise par Charlemagne, François Ier puis Henri IV.

L'objectif initial était de réaliser un canal maritime, afin de faciliter le transit des marchandises en reliant l'océan Atlantique à la mer Méditerranée sans avoir à contourner l'Espagne en empruntant le détroit de Gibraltar qui représentait un périple de plus de 3000 km. Le transit des marchandises serait donc plus rapide mais aussi plus sûr, car le contournement de l'Espagne exposait les navires aux pirates qui profitaient du peu de défense dont ils disposaient.

Mais le but n'était pas seulement économique ; il était aussi militaire et politique car le passage de Gibraltar était contrôlé par le royaume d'Espagne très puissant alors, et qui s'enrichissait à chaque traversée du détroit. La construction d'un tel Canal permettrait de s'affranchir de ce poids et d'affaiblir l'Espagne.

Sa construction : il fallut attendre le XVIIe siècle et le règne de Louis XIV. Parmi tous ceux qui se sont intéressés à ce projet, l'un d'eux, nommé Pierre-Paul Riquet, réussit enfin à le mener à terme. Étudié en détail à partir de 1661, les plans ont commencé à prendre forme en 1662. Le Canal du Midi est achevé en 1681 après 12 ans de travaux. C'est le plus ancien canal d'Europe encore en fonctionnement. Il comporte des ouvrages remarquables uniques, d'un intérêt exceptionnel.

Son évolution : il a assuré pleinement sa fonction de fret pendant environ 200 ans. Mais il a été plus tard confronté à la concurrence d'autres modes de transport de marchandises, notamment le rail. La Compagnie des chemins de fer obtient un droit de bail de 40 ans de 1858 à 1898, période au cours de laquelle le Canal se dégrade petit à petit et la fréquentation est en forte baisse. Sa gestion est reprise en main par l'État à la fin du XIXe siècle. Bien que l'on ait essayé de le moderniser (agrandissement des écluses, pentes d'eau…), il n'est plus compétitif pour le transport des marchandises dans les années 1970 et les dernières péniches de transport de marchandises empruntent le Canal du Midi. C'est aujourd'hui un canal à vocation uniquement touristique.

Ses propriétaires : l'État est propriétaire du Canal du Midi et de ses berges. Les Voies Navigables de France (VNF) en sont les gérants. Vous trouverez les coordonnées des VNF en fin de guide.

Sa longueur et ses prolongements : le Canal du Midi parcourt 240 km, de Toulouse à l'étang de Thau. Une fois à Toulouse, les péniches empruntaient la Garonne pour rejoindre l'océan. Mais le cours du fleuve trop irrégulier oblige à creuser parallèlement le "Canal latéral à la Garonne" à la fin du XIXe siècle.

De la même façon, le Canal du Midi se prolonge à l'Est jusqu'au Rhône avec le "Canal du Rhône à Sète", le Rhône étant ensuite navigable vers le Nord.

Ses mensurations : la largeur du Canal "au miroir" (à la surface) est de 20 à 24 mètres et de 5 à 10 mètres "au plafond", c'est-à-dire au fond. Le tirant d'eau, c'est-à-dire la profondeur, est d'au moins 1,40 m. Ce ne sont pas moins de 7 000 000 m^3 de terre tassée qui ont été retirés. Si l'on voulait en faire une pyramide à base carrée, celle-ci serait plus haute que la tour Eiffel !

Sa durée : la construction s'est étalée sur 20 ans depuis son étude jusqu'à son inauguration. Les travaux ont duré 12 ans et ont mobilisé jusqu'à 12 000 hommes.

Son coût : selon les estimations, sa construction est évaluée à 17 000 000 de livres environ, dont une participation personnelle de Riquet de 4 000 000 de livres.

Ses ouvrages et ses écluses : voir les pages qui leurs sont spécialement consacrées.

Ses arbres : le Canal est souvent bordé d'arbres, parfois sur une seule rive, fréquemment sur les deux. Ce sont pour la plupart des platanes, parfois des pins, des peupliers ou des cyprès. Ils ont 4 fonctions essentielles :
— Faire de l'ombre sur le Canal pour le plaisir des mariniers et aujourd'hui des plaisanciers.
— Réduire l'évaporation de l'eau qui risquerait de manquer sur le trajet du Canal.
— Consolider les berges avec les racines des arbres.
— Les feuilles recouvrant le fond du Canal constituent un tapis qui permet de diminuer l'infiltration de l'eau dans le sol.

Son entretien : les feuilles de platanes étant imputrescibles, il faut régulièrement procéder au nettoyage du fond du Canal. De plus, les herbes qui poussent en grande quantité au fond ont toujours posé problème pour la navigation. Des systèmes très complexes ont été inventés afin de pouvoir procéder à une tonte de cette végétation.

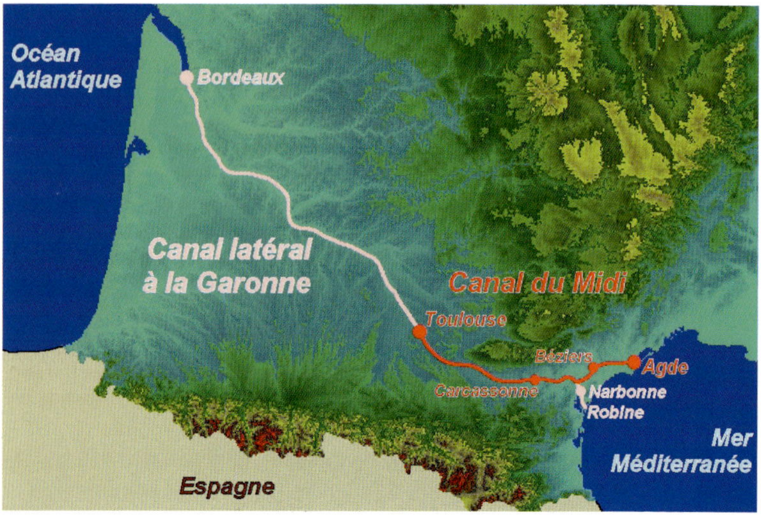

Le tracé du Canal du Midi

Ses berges : les berges du Canal sont victimes de l'excès de fréquentation de son cours. Les nombreux bateaux qui passent provoquent de petites vagues qui viennent inlassablement saper les bords. Bien que les racines d'arbres tiennent la terre, celles-ci ont tendance à s'effondrer par l'action conjuguée des ragondins, qui s'en servent de nids, et des plaisanciers parfois irrespectueux des limitations de vitesse mises en place pour des raisons de sécurité, mais aussi par mesure de protection. Ainsi afin d'éviter des dégâts trop importants, des pieux sont plantés le long des berges pour les préserver de l'action des vagues. Ces pieux sont parfois même doublés de planches.

Ses chemins de halage : ce sont les chemins qui longent le cours du canal sur tout son tracé. Ils étaient utilisés autrefois, lorsque les péniches étaient tirées (halées) par des chevaux et les hommes. Ils sont surtout utilisés aujourd'hui pour la promenade. À certains endroits, le halage à cheval a été remis en place pour des promenades en gabare exemptes de bruit.

Le tourisme : aujourd'hui, les touristes sont 50 000 à naviguer à bord de l'un des 450 bateaux de location, d'une péniche-hôtel ou d'un bateau-promenade. Chaque année plus de mille bateaux de mer effectuent également le passage de l'Atlantique à la Méditerranée.

La baignade : elle est interdite dans le Canal du Midi, l'eau n'étant pas propre à la baignade notamment à cause d'un microbe qui s'est développé dans l'eau avec la présence de ragondins et contre lequel les éclusiers sont tous vaccinés.

Les poissons : On y trouve toutes sortes de poissons qui sont propres à la consommation. La réglementation de la pêche est la même que dans les autres cours d'eau (permis).

Son classement "Patrimoine Mondial" : le Canal du Midi a été classé le 7 décembre 1996 dans la liste des sites relevant du patrimoine mondial de l'humanité par l'Unesco. C'est le 22e des 25 sites français classés parmi 582 dans

Canal du Midi au printemps

1

le monde. Contrairement aux idées préconçues, ce classement n'a apporté aucun moyen financier supplémentaire pour l'entretien du Canal, mais le surcroît de notoriété a permis un accroissement de 20 % de la fréquentation touristique. De plus, le Canal du Midi figure sur la liste des sites classés par le ministère de l'environnement depuis le 4 avril 1997.

1.2 HISTORIQUE DE LA CONSTRUCTION

Le grand projet de Pierre-Paul Riquet date de son enfance, époque où il assiste à la présentation d'un projet de Canal des deux mers lors d'une réunion des États du Languedoc où siège son père. Cette idée le poursuivra toute sa vie. Pendant quarante ans, il est fermier des Gabelles du Languedoc et amasse une fortune personnelle considérable en prélevant cet impôt sur le sel pour l'État. C'est en 1662, à l'âge de 58 ans, alors que l'espérance de vie moyenne de l'époque est de 40 ans, sa carrière achevée, qu'il se penche de plus près sur son projet.

Mais un problème se pose : l'alimentation en eau du Canal. Plusieurs solutions avaient été envisagées auparavant, mais aucune d'elles n'était fiable. C'est en arpentant la Montagne, accompagné d'un sourcier, qu'il trouva le premier la solution (voir plus loin).

Il restait à convaincre l'État de financer ce projet. Par l'entremise de l'archevêque de Toulouse, Monseigneur d'Anglure de Bourlemont, Riquet obtient un rendez-vous avec Colbert, intendant des finances du roi Louis XIV depuis 1661. Celui-ci voit rapidement les intérêts d'un tel ouvrage (économique, politique, militaire). Mais Riquet doit mettre dans la balance sa fortune et sa caution financière pour que le Roi accepte. De plus, Riquet est confronté à des jalousies,

Paul Riquet et le partage des eaux

notamment de la part de M. de Clerville, commissaire général des fortifications de France qui s'était, lui aussi, penché sur ce projet sans trouver la solution. Les tractations avec l'État et les États du Languedoc traînent en longueur et la décision Royale d'ouverture des travaux ne viendra que 4 ans après la première rencontre avec Colbert, en 1666.

Les travaux commencent avec l'aménagement de l'alimentation en eau dans la Montagne Noire. La construction du bassin de Saint-Férréol, à l'époque plus grand réservoir d'eau artificiel du monde, commence en 1667. Ils se termineront en 1672. On construit les diverses rigoles d'alimentation. C'est Pierre-Paul Riquet qui finance le début du projet. Les travaux auront lieu en 3 tranches :

— le tronçon de Toulouse à Trèbes, financé par Paul Riquet lui-même, incluant les bassins et systèmes d'alimentation en eaux, constitueront la première tranche. Les travaux ont débuté à plusieurs endroits en même temps, à partir d'octobre 1666.

— La seconde tranche financée par l'État a démarré le 30 juin 1668 entre Trèbes et l'Étang de Thau.

— La troisième tranche consistera en la construction du port de Sète (dont l'orthographe d'alors était Cette), petit port de pêche qui deviendra la ville et le port d'importance que l'on connaît aujourd'hui. Pierre Paul Riquet est désigné entrepreneur des travaux.

Il a fallu quatorze ans pour réaliser le Canal, qui s'acheva quelques mois après la mort de son concepteur. Ce dernier financera en grande partie les travaux avec sa fortune personnelle et y laissera la vie. Il fallut sans arrêt négocier le financement et le tracé du Canal, subir les controverses que provoquait le traitement de faveur dont bénéficiaient ses ouvriers, déjouer la trahison de l'ingénieur militaire François Andréossy, qui l'aida dans son travail avant de le trahir au profit du Chevalier de Clerville. Mais Riquet fera de son rêve une réalité. Il ne verra pas la réalisation complète de son œuvre car il meurt le 1er octobre 1680 à Toulouse. La mer n'était plus qu'à une lieue...

Le 24 mai 1681 fut inauguré le Canal du Midi en présence de l'intendant du Languedoc, Daguesseau. À partir du 2 mai, une inspection de l'état du Canal à sec fut commencée. Au fur et à mesure, les tronçons furent remplis. Le 24 mai, à Béziers, la barque royale franchit une à une les 9 écluses de Fonsérannes accompagnée d'un spectacle grandiose. Le lendemain, jour de Pentecôte, la barque traversa l'étang de Thau et vint s'amarrer dans le port de "Cette".

1.3 LES OUVRAGES

Creuser un canal de navigation de 240 km de long qui traverse la plaine du Languedoc n'a pas été sans poser quelques problèmes. Le principal fut celui de son alimentation en eau. Mais ce n'est pas tout : chaque fois que le tracé a coupé un cours d'eau ou une voie de circulation existante, lorsque s'est présenté une pente ou une colline, il a fallu bâtir un nouvel ouvrage. Aujourd'hui, pour notre plus grand bonheur, ce sont en effet 350 constructions, vieilles pour certaines de plus de 300 ans, qui rythment la balade tout au long du canal.

Cent trente ponts furent construits de manière à rétablir les voies terrestres que le creusement du Canal avaient coupées. On reconnaît facilement les ponts construits à l'origine (dos d'âne) de ceux qui l'ont été par la suite. Comme la plupart des ouvrages du Canal, ils ont été édifiés avec les roches disponibles

L'escalier d'écluses de Fonsérannes à Béziers

sur place. C'est pourquoi, d'ouest en est, ils peuvent être composés de roche volcanique, de calcaire, ou de briques. À l'image du magnifique Pont de Saint Nazaire d'Aude, certains d'entre eux sont bâtis avec un mélange de deux de ces roches, ici le calcaire et la roche volcanique.

La rencontre du Canal avec d'autres cours d'eau a toujours posé problème. Chaque fois que cela a été possible, les eaux se sont mêlées avant que chacune poursuive son cours. Cela a permis une alimentation d'appoint en eau tout au long du tracé. Il a parfois été nécessaire de construire une chaussée sur la rivière pour maintenir un niveau d'eau suffisant à la navigation en période estivale. Pour éviter une crue du Canal, des épanchoirs et des déversoirs ont été disposés afin d'évacuer les eaux excédentaires qui risquaient d'élever le niveau lors des gros orages ou des débordements des rivières proches.

Mais cette solution n'a pas toujours été possible (crues, ensablement...). Riquet opta alors – et ce fut une première en Europe – pour la construction d'un aqueduc ou pont-canal, permettant au Canal de passer sur un pont qui enjambe le cours d'eau. L'aqueduc de Répudre est le seul qui ait été bâti à l'origine par Paul Riquet mais 49 autres ont été mis en place par la suite, en majorité par Vauban. Lorsque cette solution n'a pu être envisagée, d'autres constructions originales ont été conçues comme par exemple les ouvrages sur le Libron à Vias.

En cas de pente, on a opté pour la construction d'une écluse. Selon la hauteur à descendre, on a pu ériger un escalier de 2, 3, 4 voir 7 écluses à Fonsérannes près de Béziers. Lors de la modernisation du Canal, on a même mis en place sur ce même site de Fonsérannes une pente d'eau qui devait permettre de franchir l'obstacle plus rapidement. On compte actuellement 63 écluses dont 10 doubles, 4 triples, 1 quadruple et 1 à sept bassins. 7 écluses doubles ont été ramenées à un seul bassin lors de travaux d'aménagement des sas. Les écluses du Canal du Midi sont facilement reconnaissables à la forme ovoïde de leur sas.

La présence d'une colline a conduit à envisager encore un autre type de construction. Entre Narbonne et Béziers en effet, la colline d'Ensérunes s'est trouvée en travers du chemin. Son contournement aurait occasionné trop de frais et de perte de temps. Paul Riquet décida de creuser un tunnel dans lequel passerait le Canal. C'est le tunnel du Malpas, premier et unique ouvrage de ce type. Autre ouvrage insolite, l'écluse ronde d'Agde est une sorte de rond-point sur le Canal.

On rencontre régulièrement des haltes, souvent à l'endroit où se trouve un pont ou une écluse : c'étaient des étapes pour la barque de la poste, les dînées et les couchées. Dans le même ordre d'idée, des ports ont été aménagés à intervalles réguliers.

Certains de ces ouvrages datent de l'origine du Canal du Midi et ont été édifiés par Paul Riquet. Ils ont plus de 300 ans. Beaucoup ont été bâtis par la suite, à la fin du XVIIe et au début du XVIIIe siècle par Vauban, impressionné par le travail de Riquet, et qui s'est attaché à améliorer ce Canal dont il aurait bien aimé être l'auteur. Certains autres enfin ont été modifiés ou reconstruits plus tard à l'occasion de mises en conformité avec les normes des canaux en rapport avec le tonnage et à la longueur des péniches. C'est à cette occasion que de nombreuses écluses doubles ont été ramenées à un seul bassin.

À intervalle régulier, les "dînées" et les "couchées" étaient les étapes de la Barque de poste. Contrairement à ce que l'on pourrait croire, il ne s'agissait pas d'un service de transport de courrier mais de voyageurs. Il fut établi dès l'origine sur le Canal entre Toulouse et Agde. Le voyage se faisait avec un confort et une sécurité jusqu'alors inconnus. Le trajet durait 4 jours. On peut être impressionné lorsque l'on sait qu'aujourd'hui, à la vitesse maximum autorisée de 8 km/h, il faut au moins 6 jours pour effectuer le même trajet avec une péniche à moteur ! Les étapes étaient immuables. En partant le matin de Toulouse, on arrivait pour le repas de midi à l'écluse de Négra, le soir à Castelnaudary. Le deuxième jour, on était à midi à l'écluse de Béteille et le soir à Trèbes. Le jour suivant, la troisième dînée était à la Redorte et le soir au Somail. Le quatrième jour enfin, la dînée avait lieu à Fonsérannes et le soir on était arrivé à Agde. Sur les lieux des dînées et des couchées, souvent situés près d'une écluse, on trouvait une auberge, une écurie et une chapelle où un prêtre se tenait toujours prêt à officier. Bien que tout ait été fait pour assurer la sécurité des voyageurs, ceux-ci étaient tout de même souvent victimes de mésaventures.

1.4 ÉCLUSES ET ÉCLUSIERS

Le Canal du Midi est ponctué de 63 écluses. Celles-ci ont pour rôle de franchir un dénivelé. Grâce à elles, les péniches disposent d'un cours d'eau sans pente. Si la plupart des écluses ont un seul sas, certaines sont doubles. On trouve même des écluses triples, quadruples et l'escalier de Fonsérannes à Béziers est composé de 7 bassins.

La majorité sont électrifiées, mais certaines, entre Carcassonne et Toulouse sont encore manuelles. Sur le canal de jonction de la Robine et sur le Canal latéral à la Garonne, elles sont automatisées. Des feux règlent les différentes étapes des manœuvres.

Sur les murs de chaque maison éclusière, vous trouverez une plaque indiquant le nom de l'écluse. Vous pourrez aussi y lire la distance qui vous sépare des écluses suivantes en amont et en aval. C'est une information importante

Une écluse et un éclusier

Un éclusier

pour le cycliste qui parcourt le Canal. Il peut ainsi évaluer les distances à partir de quelques points de repère.

Les éclusiers : quand on évoque les personnes qui travaillent pour le Canal, on pense en premier lieu aux éclusiers. Trois cent cinquante personnes travaillent toute l'année pour faire fonctionner le Canal. Ce sont des employés du ministère de l'équipement qui sont mis à disposition des VNF. Hommes ou femmes, mais en majorité des hommes, ils sont cadres, personnels administratifs et surtout agents d'exploitation (Il n'y a pas de filière particulière pour devenir éclusier. Il faut passer un concours administratif de l'équipement pour devenir agent d'exploitation.). Certains sont éclusiers, d'autres agents d'entretien mais l'été, tout le monde travaille sur les écluses. En effet, il faut assurer le service 7 jours sur 7 et jusqu'à onze heures par jour, soixante dix-sept heures de travail au total par semaine qui ne peuvent être assurées par la même personne. C'est pourquoi vous rencontrerez souvent l'été de jeunes vacataires, qui assurent ces postes pour la saison. Ils seront vos compagnons de voyage tout au long du périple. Ils aident les plaisanciers dans leurs manœuvres de franchissement et sont plus ou moins méritants selon le site où ils travaillent. L'éclusier de Laurens en amont de Castelnaudary, par exemple, gère seul une écluse triple manuelle ce qui représente un travail considérable !

Ce que l'éclusier apprécie le plus, c'est de rencontrer des gens souriants à qui il pourra rendre le "bonjour" et avec qui il pourra échanger quelques mots. Les cyclistes prendront garde de ne pas entrer dans la partie de la propriété réservée à l'éclusier. Il faudra parfois veiller à la contourner. Vous pourrez effectuer des pauses dans votre parcours le long des écluses, où vous trouverez souvent le spectacle intéressant. Ce sera aussi l'occasion de faire le plein des

L'écluse du Bagnas

gourdes aux endroits prévus. Certains éclusiers vous rendront ce service avec plaisir, d'autres seront intraitables...

Les maisons éclusières appartiennent à l'État et sont mises à disposition des éclusiers à titre gracieux en échange d'une astreinte de cent vingt heures par semaine. Tous les ans, une période de chômage commence au début novembre jusqu'à mi-janvier. Mais chômage pour les bateliers ne signifie pas vacances pour les agents d'exploitation qui profitent de cette période pour effectuer tous les gros travaux d'entretien : réparation des ouvrages sous l'eau, étanchéification et réparation des portes d'écluses, curage des sas... Pour ces travaux, on vide des portions de Canal ou on isole un ouvrage en posant des batardeaux, poutres glissées dans des encoches juste avant la porte amont, pressées et étanchéifiées afin de pouvoir vider l'écluse uniquement.

Des travaux plus importants de construction ou modification d'ouvrages sont parfois réalisés. Ce fut le cas notamment lorsque, dans les années soixante-dix, on voulut relancer le trafic de transport de marchandises sur le déclin. On a construit des ouvrages pour accélérer le passage sur les points névralgiques (pente d'eau de Fonsérannes). On a aussi modifié des écluses et ramené certaines d'entre elles de deux sas à un seul. C'est à cette époque que l'écluse ronde d'Agde a été agrandie afin de permettre le passage à des péniches plus longues. Des ponts enfin ont été surélevés pour favoriser le passage des plus grosses. Mais ces efforts pour sauver le transport de marchandises ont été inutiles : il était trop tard et quand bien même on s'y serait pris plus tôt, la concurrence du rail et surtout la route auraient eu le dernier mot. Restent des ouvrages parfois dénaturés (Bassin Rond d'Agde) ou inutiles en l'état (pente d'eau de Fonsérannes) dont la remise en état serait trop onéreuse au vu du seul trafic de plaisance.

2. DÉCOUVERTE EN VÉLO

2.1 LE VÉLO IDÉAL

Il n'y a pas en fait un vélo idéal. Quelques conseils en revanche sont utiles pour éviter les ennuis. Les chemins que vous rencontrerez iront de la piste cyclable goudronnée au sentier en très mauvais état. Il n'est donc pas question d'envisager de faire ce parcours avec un vélo de route ou de promenade, encore moins avec une bicyclette d'enfant équipée de roulettes ! Prévoyez un VTT, éventuellement un VTC, ou un vélo de randonnée équipé de pneus larges munis de crampons.

Si vous envisagez une balade courte, un VTT standard fera l'affaire. S'il est équipé d'une fourche ou, mieux, tout suspendu, votre confort n'en sera que meilleur. Si vous n'êtes pas un cycliste endurci, vous apprécierez une selle large et confortable. Vous emporterez à ce moment-là votre équipement dans un sac à dos que vous ne prévoirez pas trop lourd pour éviter de vous fatiguer le dos avec les secousses.

Si vous devez y passer plus de temps, la meilleure solution sera un VTT équipé d'un porte-bagages, de sacoches à l'arrière et à l'avant où vous pourrez loger votre équipement de camping et votre tente le cas échéant.

Mon vélo

2

2.2 L'ÉQUIPEMENT DU VÉLO

Que vous envisagiez de faire le parcours sur 2 ou 7 jours, vous aurez besoin d'un minimum d'équipement. Vous y ajouterez à la liste ci-dessous tout ce que vous jugez être indispensable à votre voyage mais songez qu'il vous faudra le transporter à la force des mollets !

Le vélo doit, bien entendu, être en excellent état avant le départ. Vérifiez le graissage de votre chaîne (mais pas trop !), si possible avec de l'huile silicone sèche sur laquelle la poussière n'adhère pas. Vérifiez l'état de vos pneus et de vos patins de freins, la tension des rayons, le serrage de la direction et le réglage des dérailleurs.

Certains des équipements que je vous propose sont indispensables ; pour d'autres, leur intérêt dépend de votre mode d'hébergement, de la durée de votre voyage, de ce que vous voulez emporter... Il est bien sûr toujours possible de répartir la charge si l'on est plusieurs.

Équipement indispensable

— Deux porte-gourdes avec les gourdes ou un réservoir dorsal de type Camel back qui ne sera pas compatible avec un sac à dos.
— Un compteur de vitesse pour la mesure des distances.
— Une trousse de secours sous la selle pour les dépannages d'urgence (voir la liste chapitre 2.4).
— Des pneus larges assez gonflés (3 bars) pour éviter les crevaisons par pincement sur les chocs aux passages de racines. Si le temps est sec, préférez des pneus "slick" munis de crampons sur les bords dont le rendement est meilleur.

Un vélo équipé d'une remorque

— Une pompe avec embout pour les 2 types de valves, utile si vous voyagez en groupe mais aussi pour dépanner un cycliste qui n'a pas les mêmes chambres à air que vous.
— Un antivol de vélo, utile quand vous devrez vous éloigner de votre monture pour une photo ou pour quelques courses par exemple.

Équipement facultatif

— Un porte-carte, fixé sur le guidon.
— Un ou plusieurs porte-bagages qui peuvent se fixer sur l'axe de la roue avant, sur le pare-boue avant, sur le guidon, sur le garde-boue arrière, sur l'axe de la roue arrière. Plus le poids sera placé bas, mieux ce sera (centre de gravité rabaissé).
— Une remorque vélo à une roue (les remorques à 2 roues sont déconseillées car nombreux sont les passages où elles seront bien trop larges).
— La remorque Bob Yak est idéale... mais un peu chère (379 € à ce jour) mais on peut en louer une chez Bike 34 à Castelnau-le-Lez. Appelez-les de ma part (04 67 72 85 89).

2.3 L'ÉQUIPEMENT DU CYCLISTE

La tenue vestimentaire et l'équipement du cycliste dépendront bien sûr de la saison où vous envisagez votre randonnée et de sa durée. Vous trouverez des informations importantes sur la météo de la région au chapitre 6.2.

En vélo dans le Lauragais

Voici quelques éléments à prévoir que vous adapterez en fonction des critères ci-dessus :

— Un short ou un pantalon de cycliste avec une "peau de chamois" entre les jambes pour soulager autant que se peut les douleurs occasionnées par un séjour prolongé sur la selle.
— Un tee-shirt à préférer en été au débardeur pour éviter les coups de soleil et protéger les épaules de ceux qui emporteront un sac à dos (frottement des bretelles).
— Un blouson léger coupe-vent qui pourra, le cas échéant, vous protéger de la pluie, l'idéal étant les matériaux respirant de type gore-tex pour leur faculté à protéger du vent et du froid tout en évacuant la sueur.
— Un casque à préférer à la casquette. Même s'il est plus gênant par fortes chaleurs, il ne faut pas négliger la protection qu'il vous apportera en cas de chute ou de rencontre inopinée avec une branche basse.
— Des chaussures de vélo associées à des pédales automatiques très pratiques et efficaces en matière de rendement du pédalage. Pédales automatiques ou pas, prévoyez des chaussures assez souples qui vous permettront de marcher aisément lorsque vous en aurez besoin.
— Une paire de lunettes de soleil ou des verres incolores selon la météo.
— Une paire de mitaines ou de gants de vélo pour protéger les mains des frottements qui peuvent être irritants à la longue.
— Des tenues de rechange en fonction du nombre de jours. Je ne pense pas qu'il soit envisageable, sauf en camping sur un séjour long, de faire de la lessive.
— Le nécessaire de toilette : prévoyez juste, n'emportez pas de flacon de shampooing neuf si vous partez pour 2 jours. Il faudra que vous transportiez tout le poids excédentaire et à la longue, on peut trouver cela lourd.
— Une tente et un duvet pour ceux qui choisissent le camping.

2.4 LA TROUSSE DE SECOURS

Le terrain que vous allez emprunter n'est pas vraiment hostile. Mais le cycliste n'est jamais à l'abri d'une panne (pincement d'une chambre à air sur une racine de platane, branche dans les rayons...). Il faudra prévoir un minimum de matériel de réparation en cas de problème. Le premier point important étant bien sûr de partir avec un vélo en parfait état, ce qui limitera d'autant les risques. Il est bien sûr important que vous-même ou au moins une personne si vous partez en groupe, maîtrise les différentes techniques de réparation et réglages : remplacement et réparation d'une chambre à air, réparation d'une chaîne cassée, remplacement d'un câble de frein ou de dérailleur et réglage de celui-ci, dévoilage d'une roue...

Voici une liste-type d'outils que vous pourrez emporter, à adapter selon vos compétences mécaniques et votre optimisme :

— deux chambres à air de rechange. Il existe des chambres à air en latex qui ont la propriété de ne pas crever facilement, le latex "rebouchant" les trous de petite taille lorsque l'objet qui y a pénétré est sorti. Elles ont le défaut d'être un peu plus lourdes, plus chères et légèrement poreuses, ce qui oblige à les regonfler plus souvent. Mais cette solution est assez efficace. Il est aussi possible d'envisager d'équiper le fond des pneus d'une bande de roulement pro-

Une pénichette près de Béziers

tectrice qui évite les perforations. Assez efficaces, elles sont aussi assez lourdes.
- Deux ou trois démonte-pneus selon votre technique.
- Des rustines et de la "colle", au cas ou vous connaîtriez plus de 2 crevaisons.
- Un dérive chaîne pour réparer une chaîne cassée en supprimant le maillon défectueux.
- Un outil à clefs multiples pour tout serrer et desserrer sur le vélo (clefs 6 pans de taille standard, tournevis cruciforme et plat).
- Un câble de frein et un câble de dérailleur de rechange.
- Une clef à rayons pour dévoiler une roue ou démonter un rayon cassé.
- Un couteau.
- Une boîte d'allumettes.
- Et si rien n'y fait, un téléphone mobile.

La barque du Somail

3. LE PROGRAMME

3.1 LES RANDONNÉES À LA JOURNÉE

Si vous n'avez pas la possibilité de faire le grand parcours en une fois ou que vous préférez découvrir les richesses du Canal du Midi en prenant le temps d'apprécier les régions traversées, il est toujours possible de choisir un secteur quitte à revenir à une autre occasion pour compléter votre découverte. C'est pourquoi je vous propose ici quelques solutions de randonnée à la journée que vous pouvez enchaîner sur deux jours. Elles sont bien sûr données à titre indicatif et je vous conseille de les adapter en fonction de vos impératifs, de vos priorités et de vos goûts. Les descriptions des différentes activités complémentaires données dans la partie 4 vous aideront à faire votre choix.

Les propositions sont classées en fonction du point de départ et de la longueur du parcours. Elles sont notées avec 1 à 3 étoiles en fonction de l'intérêt de la balade.

J'ai choisi les points de départ et d'arrivée en fonction de la proximité d'une gare, afin de vous faciliter la tâche pour le retour. Attention, tout de même, à la disponibilité d'un train à vos horaires d'arrivée. Si ce n'est pas possible, envisagez de faire l'aller en train le matin et vous aurez tout votre temps, jusqu'à la nuit, pour le retour en vélo.

La meilleure solution est peut-être que vous fassiez le trajet, que vous déposiez votre véhicule à l'arrivée et que vous trouviez un hébergement au point de départ la veille. Cela vous laissera une journée complète pour la randonnée.

Si vous avez envie de parcourir une portion précise sans qu'il y ait de gare à proximité, trois solutions se présentent :

— vous avez la possibilité de vous faire accompagner au point de départ et chercher à l'arrivée.

— vous vous déplacez en groupe auquel cas vous pouvez amener une voiture à l'arrivée avec laquelle vous reviendrez chercher le ou les véhicules stationnés au départ.

— vous choisirez de faire un parcours aller-retour sur un secteur restreint.

Au départ de Toulouse

*1/ Découverte du Lauragais***

Prendre le temps de découvrir l'essentiel du pays du pastel.

<u>60 km : Toulouse - Castelnaudary</u>

Départ de Toulouse.

Promenade en bateau sur le Canal. Passage aux Ponts Jumeaux jusqu'à la Garonne.

Repas à l'écluse du sanglier.

Arrêt à Port Lauragais pour une visite de l'exposition sur le Canal.

Goûter à Naurouze et visite du site.

Arrivée à Castelnaudary.

3

*2/ Lauragais familial**

Une journée en famille sur la piste cyclable ouverte à tous.
80 km : Toulouse - Villefranche-Lauragais - Toulouse
Départ de Toulouse.
Visite de la ville.
Collation à Montgiscard.
Repas de midi à Gardouch.
Retour à Toulouse.
Promenade en bateau sur le Canal et goûter à bord. Passage aux Ponts Jumeaux jusqu'à la Garonne.
Arrivée à Toulouse.

*3/ Complet****

La moitié ouest du Canal du Midi.
100 km : Toulouse - Carcassonne
Départ de Toulouse.
Collation à Port Lauragais. Visite de l'exposition permanente.
Repas de midi à Castelnaudary.
Goûter à Villesèquelande.
Promenade dans les ruelles de la cité de Carcassonne.
Arrivée à Carcassonne.

Au départ de Villefranche-Lauragais

*1/ Les deux versants***

Le passage du seuil de Naurouze et la découverte des deux versants du Canal pour comprendre le principe d'alimentation en eau de l'ouvrage.
65 km : Villefranche-Lauragais - Carcassonne
Départ de Villefranche-Lauragais.
Collation au seuil de Naurouze et visite du site.
Repas de midi : cassoulet à Castelnaudary !
Pause goûter à l'épanchoir de Foucaud.
Visite de la cité de Carcassonne.
Arrivée à Carcassonne.

Au départ de Castelnaudary

*1/ Découverte du Lauragais***

60 km : Castelnaudary - Toulouse
Voir parcours 1 au départ de Toulouse.

*2/ La tête et les jambes***

Pour allier la pratique sportive et des découvertes enrichissantes.
65 km : Castelnaudary - Montolieu - Carcassonne
Départ de Castelnaudary.
Collation à Bram.
Village du livre de Montolieu. On quitte le Canal à Pézens.
Repas à Montolieu.
Visite de la Cité de Carcassonne.
Arrivée à Carcassonne.

3

Au départ de Carcassonne

*1/ La tête et les jambes***

65 km : Carcassonne - Montolieu - Castelnaudary
Voir parcours 2 au départ de Castelnaudary.

*2/ Les deux versants***

65 km : Carcassonne - Villefranche-Lauragais
Voir parcours 1 au départ de Villefranche-Lauragais.

*3/ Complet****

100 km : Carcassonne - Toulouse***
Voir parcours 3 au départ de Toulouse.

*4/ Essentiel****

104 km : Carcassonne - Béziers
Voir parcours 5 au départ de Béziers.

*5/ Minervois****

Une visite en pays Minervois, sur les traces des Cathares.
108 km : Carcassonne - Minerve - Narbonne
Départ de Carcassonne.
Collation à l'écluse de l'Aiguille.
Visite de Minerve.
Repas de midi à Minerve.
Goûter au Somail.
Arrivée à Narbonne.

Au départ du Somail

*1/ Familial**

Prendre le temps de vivre et visiter en pays narbonnais
35 km : Le Somail - Narbonne - Le Somail
Départ du Somail.
Visite du musée des potiers Amphoralis à Sallèles-d'Aude.
Collation à Gailhousty
Repas de midi à Narbonne.
Visite des ouvrages de la ville à partir du pont des Marchands.
Goûter au pont-canal de Cesse.
Retour au Somail.
Visite de la librairie de livres anciens.
Arrivée au Somail.

*2/ La Robine***

Explorer le canal de jonction et le canal de la Robine dans leur intégralité
40 km : Le Somail - Port-la-Nouvelle
Départ du Somail.
Passage à la librairie de livres anciens.
Visite du musée des potiers.
Collation à Narbonne et aperçu des ouvrages de la ville à partir du pont des Marchands.

Goûter à l'Île Sainte-Lucie.
Baignade à Port-la-Nouvelle.
Arrivée à Port-la-Nouvelle.

*3/ Escapade sur la Robine**

Du Canal du Midi à la Méditerranée en pays Audois.
<u>80 km : Le Somail - Port-la-Nouvelle - Le Somail</u>
Départ du Somail.
Collation à Narbonne.
Baignade à Port-la-Nouvelle.
Repas de midi à l'Île Sainte-Lucie.
Goûter à Gailhousty.
Visite de la coopérative oléicole l'Oulibo à Bize-Minervois.
Arrivée au Somail.

Au départ de Narbonne

*1/ Familial**

<u>35 km : Narbonne - Le Somail - Narbonne</u>
Voir circuit 1 au départ du Somail.

*2/ Au milieu des étangs**

Découverte dans les étangs d'une faune et d'une flore qui ont su garder leur caractère naturel.
<u>45 km : Narbonne - Port-la-Nouvelle - Narbonne</u>
Départ de Narbonne.
Collation à l'Île Sainte-Lucie.
Visite de la maison des étangs.
Baignade à Port-la-Nouvelle.
Retour à Narbonne.
Collation au bord de la Robine au pont des Marchands.
Visite des ouvrages de la ville.
Arrivée à Narbonne.

*3/ Terre de rugby et terre de vins***

Découverte de 2 villes de caractère, dont les rencontres sur un stade ont marqué l'histoire du rugby français.
<u>60 km : Narbonne - Béziers</u>
Départ de Narbonne.
Passage par le pont des Marchands.
Visite de la coopérative oléicole l'Oulibo à Bize-Minervois.
Repas à la base de plein air de Mirrepeisset.
Baignade.
Collation à l'Oppidum d'Ensérunes
Passage à Fonsérannes.
Arrivée à Béziers.

*4/ L'antique****

D'une cité gallo-romaine à un comptoir grec.
<u>73 km : Narbonne - Agde</u>
Départ de Narbonne.

Visite du musée des potiers à Sallèles-d'Aude.
Collation à Argeliers.
Repas de midi au domaine de Guéry.
Visite des caves du domaine.
Passage à Fonsérannes.
Goûter à l'écluse de Portiragnes.
Arrivée à Agde.

*5/ Autour de Narbonne***

Découverte du pays Narbonnais en parcourant la Robine.
<u>76 km : Narbonne - Port-la-Robine - Port-la-Nouvelle - Narbonne</u>
Départ de Narbonne.
Passage à Port-la-Robine.
Collation à Gailhousty.
Repas de midi à Narbonne.
Goûter à l'Île Sainte-Lucie. Visite de la maison des pêcheurs.
Baignade à Port-la-Nouvelle.
Arrivée à Narbonne.

Au départ de Béziers

*1/ Détente***

En prenant son temps et en s'imprégnant du rythme des péniches d'antan.
<u>30 km : Béziers - Agde avec passage par Fonsérannes</u>
Départ de Béziers.
Promenade de 2 heures en péniche avec halage à cheval au départ de Fonsérannes.
Repas de midi sur le site de Fonsérannes.
Goûter aux ouvrages du Libron à Vias.
Pause photo au Pont de 3 yeux.
Passage au Bassin Rond.
Arrivée à Agde.

*2/ Familial****

Des activités variées, parce qu'il en faut pour tout le monde.
<u>43 km : Béziers - tunnel du Malpas - Agde</u>
Départ de Béziers.
Passage au tunnel de Malpas.
Pause-photo à l'Oppidum d'Ensérunes.
Collation à Fonsérannes.
Repas de midi au PK 219 dans une petite clairière ombragée en bord immédiat de Canal si promenade à cheval ou au Pont de Caylus (PK 217) si pisciculture.
Partie de pêche à la pisciculture du Pont de Caylus à Portiragnes ou promenade à cheval dans les étangs de la Rivièrette à Portiragnes plage.
Goûter aux ouvrages du Libron à Vias (10 km).
Arrivée à Agde.

*3/ Nature****

Découvrir des zones que l'on ne peut approcher en voiture.
<u>60 km : Béziers - tunnel du Malpas - Les Onglous - Béziers</u>
Départ de Béziers.
Collation à l'Oppidum d'Ensérunes.

3

Passage à Fonsérannes puis au tunnel du Malpas.
Repas de Midi aux ouvrages du Libron à Vias.
Animation sur le thème des oiseaux à la réserve naturelle du Bagnas.
Goûter à la pointe des Onglous.
Arrivée à Agde.

*4/ Complet***

Pour qu'il y en ait pour tous les goûts.
86 km : Béziers - Le Somail - Béziers
Départ de Béziers
Pause-photo à Fonsérannes.
Collation à l'Oppidum d'Ensérunes.
Repas de Midi au Somail et visite de la librairie de livres anciens.
Visite du domaine viticole de Guéry au PK193.
Goûter au port de Colombiers.
Retour à Béziers

*5/ Essentiel****

S'il n'y a qu'une seule portion de Canal à parcourir, ce doit être celle-là.
104 km : Béziers - Carcassonne
Départ de Béziers.
Collation à l'Oppidum d'Ensérunes.
Repas de midi à Argens-Minervois.
Pause à l'écluse de l'Aiguille.
Goûter à Trèbes.
Arrivée à Carcassonne.

Au départ d'Agde

*1/ Détente***

30 km : Agde - Béziers avec passage par Fonsérannes
Voir parcours 1 au départ de Béziers

*2/ Familial****

43 km : Agde - Tunnel du Malpas - Béziers
Voir parcours 2 au départ de Béziers

*3/ Nature****

60 km : Agde - Les Onglous - Tunnel du Malpas - Béziers
Voir parcours 3 au départ de Béziers

*4/ Découverte***

Pour tout voir de la region, en prenant son temps.
66 km : Agde - Tunnel du Malpas - Agde
Départ d'Agde.
Collation à l'écluse de Portiragnes.
Repas de Midi à l'Oppidum d'Ensérunes.
Goûter à Fonsérannes.
Arrivée à Béziers.

5/ Sportif*

La moitié du Canal du Midi, la plus belle.
127 km : Agde - Carcassonne
Départ d'Agde.
Collation à Fonsérannes (PK204).
Repas de midi au Somail (PK164).
Goûter à l'Argentdouble (PK139)
Arrivée à Carcassonne.

Les randonnées de 100 km ou plus sont à réserver aux sportifs entraînés sur 1 jour ou à envisager sur 2 jours pour une randonnée familiale.

3.2 LE GRAND PARCOURS : DURÉES ET ÉTAPES

Parcourir 240 km à vélo, même s'il s'agit d'un terrain presque plat, n'est pas à prendre à la légère. Je ne pense pas qu'il soit possible d'envisager d'effectuer cette distance sur une seule journée, même dans un but strictement sportif. Le minimum à prévoir sera 2 jours. Mais il faut prendre conscience qu'en 2 jours, il ne sera pas possible d'apprécier la beauté des ouvrages et la quiétude des lieux. Je vous conseille donc de consacrer au minimum 3 jours à ce voyage pour les plus pressés, et d'aller jusqu'à une semaine si l'on veut vraiment s'imprégner du site et faire quelques découvertes annexes.

Je vous propose ici différents programmes que vous pourrez adapter à votre gré selon vos priorités et le temps dont vous disposez. Les durées de pédalage indiquées ne tiennent pas compte des arrêts que vous effectuerez aux ouvrages, des repas ou plus simplement des poses. C'est pourquoi 4 heures de pédalage peuvent prendre 6 ou 7 h...

Nom	Durée	Km/j	Pédalage /j env.	Étapes	Remarque
Sportif	2 jours	120	6 à 7 h	1	Très sportif, à réserver aux cyclistes entraînés
L'essentiel	3 jours	80	4 à 5 h	2	Découvrir l'essentiel en peu de temps
Équilibrée	4 jours	60	3 à 4 h	3	Une bonne solution pour faire le tour de la question
Familial	5 jours	50	2 h 30 à 3 h	4	Il est possible de pédaler sur des 1/2 journée et garder l'autre pour les visites en famille
Complet	7 jours	40	2 h à 2 h 30	6	Prendre son temps, flâner, vivre au rythme des bateaux et ne rien manquer des richesses du Canal

3

Voici des propositions d'étapes en fonction de la durée de séjour que vous envisagez. Ces étapes dépendront du mode d'hébergement que vous choisirez et des réservations que vous aurez effectuées avant le départ.

La distance totale (Ponts Jumeaux à Toulouse jusqu'à l'embouchure de l'étang de Thau à Marseillan) est de 240 km, mais cette distance pourra être allongée ou raccourcie selon vos choix :

Toulouse

— au départ de la gare, découverte des Ponts Jumeaux et du Canal de Brienne = + 9 km

— départ direct de la gare située au Point kilométrique 4 = - 4 km

Canal de la Robine

— à partir du Somail, découverte du Canal de la Robine de Narbonne jusqu'à Narbonne : + 30 km

— à partir du Somail, découverte du Canal de la Robine de Narbonne jusqu'à Port-la-Nouvelle : + 75 km

Le charme de l'automne

Un pont en Minervois

Agde

— aller et retour au bout du Canal (étang de Thau) à Marseillan = + 8 km
— arrêt en gare d'Agde sans aller à Marseillan = - 8 km

Vous pouvez donc voir que selon les différentes options que vous prendrez, votre parcours peut aller de 228 km (direct de la gare de Toulouse à la gare d'Agde) à 324 km en choisissant d'allonger un peu le parcours pour tout voir.

Parcours en 2 jours

Jour 1 : Toulouse - Carcassonne
Jour 2 : Carcassonne - Marseillan

Parcours en 3 jours

Jour 1 : Toulouse - Bram
Jour 2 : Bram - Le Somail
Jour 3 : Le Somail - Marseillan

Parcours en 4 jours

Jour 1 : Toulouse - Castelnaudary
Jour 2 : Castelnaudary - Trèbes
Jour 3 : Trèbes - Le Somail
Jour 4 : Le Somail - Marseillan

3

Parcours en 5 jours

Jour 1 : Toulouse – Avignonet-Lauragais
Jour 2 : Avignonet-Lauragais - Carcassonne
Jour 3 : Carcassonne - Homps
Jour 4 : Homps - Béziers
Jour 5 : Béziers - Marseillan

Parcours en 6 jours

Jour 1 : Toulouse – Villefranche-Lauragais
Jour 2 : Villefranche-Lauragais - Bram
Jour 3 : Bram - Trèbes
Jour 4 : Trèbes - Le Somail
Jour 5 : Le Somail - Béziers
Jour 6 : Béziers - Marseillan

Parcours en 7 jours

Même proposition que pour 6 jours avec un passage à Narbonne.
Jour 1 : Toulouse – Villefranche-Lauragais
Jour 2 : Villefranche-Lauragais - Bram
Jour 3 : Bram - Trèbes
Jour 4 : Trèbes - Le Somail
Jour 5 : Le Somail - Narbonne - Le Somail
Jour 6 : Le Somail - Béziers
Jour 7 : Béziers - Marseillan

Parcours en 8 jours

Même proposition que ci-dessus en allant jusqu'à Port-la Nouvelle.
Jour 1 : Toulouse – Villefranche-Lauragais
Jour 2 : Villefranche Lauragais - Bram
Jour 3 : Bram - Trèbes
Jour 4 : Trèbes - Le Somail
Jour 5 : Le Somail - Port-la-Nouvelle
Jour 6 : Port-la-Nouvelle - Argeliers
Jour 6 : Argeliers - Béziers
Jour 7 : Béziers - Marseillan

Il sera bien sûr possible aussi d'envisager un séjour plus long sur dix à quinze jours en ajoutant au parcours de sept jours des escapades qui vous permettront de mieux connaître les sites intéressants décrits dans chaque secteur, et de découvrir vins et spécialités culinaires locales.

3.3 LES POINTS TOILETTES

Vous trouverez tout au long du parcours des sites sur lesquels différents services vous seront proposés. Cela va du simple WC-lavabo au sanitaire complet avec douche. Ces installations pourront vous rendre service au cours de vos journées et seront très utiles à ceux qui choisiront la solution du camping sauvage. Dans le Lauragais, entre Toulouse et Avignonet-Lauragais, l'autoroute longe le Canal et 3 aires plus ou moins équipées sont accessibles directement depuis la piste cyclable.

Port Lauragais

Voici la liste des sites au niveau desquels vous trouverez ces installations sanitaires que vous retrouverez sur les cartes.

PK 12,5	Port Sud de Ramonville Saint Agne
PK 30	Aire de repos d'autoroute après les écluses du sanglier
PK 39	Écluse de Gardouch
PK 50	Grande aire d'autoroute de Port Lauragais rive droite
PK 54	Le Ségala, base de Rive de France
PK 65	Castelnaudary, base Crown Blue-Line
PK 105	Port de Carcassonne
PK 117	Port de Trèbes, base Connoisseur-Cruisers
PK 140	La Redorte (port)
PK 166	Le Somail, base Minervois-Cruisers
PK 168	Port la Robine
PK 188,5	Port de Capestang
PK 240	Port des Onglous

3.4 LES POINTS D'EAU

De la même manière, il est important de repérer les points d'eau afin de pouvoir faire le plein des gourdes régulièrement. Certains sont situés dans les ports, d'autres dans les villages. On peut aussi très souvent faire le plein aux écluses en s'adressant aux éclusiers qui seront parfois conciliants. Attention tout de même de ne pas abuser, les éclusiers ayant souvent autre chose à faire ! Tous les points d'eau sont notés sur les cartes.

3

3.5 RICHESSES D'UN TERROIR

Le Canal du Midi, terre de vins

Lors d'une croisière sur le Canal du Midi, on ne peut ignorer la vigne, cette amie qui accompagne le voyageur de paysages en odeurs, de couleurs en saisons, de cépages en domaines. Coteaux du Languedoc, Faugères, Saint Chinian, Minervois, Fitou, Corbières, Cabardès, Malepère, Limoux dans le Languedoc mais aussi Gaillac et Côtes de Frontonnais plus à l'ouest sont autant d'appellations qui font aujourd'hui la renommée d'une région traversée par le Canal Royal. Un chemin, qui se poursuit avec le Canal Latéral à la Garonne jusqu'à l'océan et Bordeaux, terre de vins s'il en est. Ce Canal du Midi aux vocations diverses qui a, pendant longtemps, été un trait d'union entre le nord et le sud, l'est et l'ouest a vu passer de nombreuses péniches qui transportaient le vin produit dans ces régions. Coteaux brûlés par le lourd soleil d'été, embruns marins de la Méditerranée, senteurs sauvages des garrigues et des pierres sèches des terrasses, ces AOC du Languedoc ont su affirmer leur identité commune, chacun gardant sa personnalité, et ainsi redonner à notre grande région viticole ses lettres de noblesse sacrifiées jadis sur l'autel de la productivité.

Car c'est dans ce pays que tout a commencé. C'est sur le littoral, à Agde, comptoir grec, que le premier vignoble languedocien a été importé. Au cours des invasions barbares il a ensuite été décimé et il faudra toute la quiétude et le silencieux travail des moines pour que la viticulture languedocienne renaisse de ses cendres. Et c'est plus tard le génie de Pierre-Paul Riquet et son idée folle de Canal qui va rendre possible son expansion et son exportation vers l'étranger. La période de production de masse s'achèvera dans les années 70 avec une véritable révolution culturelle où ré-encépagements et diminution des rendements permettront aux vins du Languedoc de renouer avec la noblesse de leurs origines.

Prenez le temps de découvrir ces nectars qui sauront vous enchanter. Consommez-les avec modération !

Vous voudrez alors sûrement en ramener avec vous. Mais n'oubliez pas que vous êtes en vélo...

Le Canal du Midi, terre de rugby

De Toulouse et ses quatorze titres de champion de France à Béziers qui en compte onze, l'histoire du rugby Français s'est écrite sur les lignes du Canal du Midi. Avec Narbonne et Carcassonne entre les deux, à treize comme à quinze, ce sont des dizaines d'équipes, des plus petits clubs de clochers aux plus grands qui ont conquis les titres les plus prestigieux au niveau français et européen et nous rappellent que notre région est la capitale française du Rugby. Peut-être aurez-vous l'occasion, un samedi ou un dimanche, d'assister à une de ces rencontres où le courage et la force physique laissent aussi la place à la ruse et à l'intelligence du jeu.

Le Canal du Midi, terre de gastronomie

Des montagnes jusqu'à la mer Méditerranée en passant par les plaines, la diversité des paysages a fait la richesse du Canal du Midi et la gastronomie a hérité du meilleur de milieux aussi différents. C'est pourquoi vous trouverez dans les villes et villages qui longent le Canal des spécialités qui vous permettront d'apprécier la richesse de la culture gastronomique du Midi. Le célèbre

Cassoulet de Castelnaudary en fer de lance, les petits pâtés de Pézenas qui ont su conquérir leurs lettres de noblesse ou la bouillabaisse sétoise sont autant de recettes que vous prendrez le temps de déguster, accompagnées d'une gamme variée de vins du Languedoc.

Le Canal du Midi, terre cathare

L'histoire cathare a marqué le Midi de la France en lettres indélébiles. Cette religion qui s'est répandue aux XIIe et XIIIe siècles a provoqué le courroux du Vatican qui a craint que son rapide développement lui fasse de l'ombre. Le Pape Innocent III et le roi Philippe-Auguste ont lancé la croisade des Albigeois, véritable inquisition menée par Simon de Monfort et dont le but était de convertir les Cathares. Toutes les villes qui parsèment le parcours du Canal du Midi ont été marquées par cette croisade. C'est Béziers qui en fit les frais la première avec le massacre du 22 août 1209. Carcassonne ensuite puis Toulouse furent touchées. Les châteaux cathares qui sont nombreux dans la région furent aussi pris, souvent violemment, par les troupes de Simon de Monfort. Minerve, petite cité, symbole de la résistance, fut prise en 1210 après cinq semaines de siège.

C'est ainsi que les traces de cette tragédie antérieure de près de 500 ans au creusement du Canal sont encore visibles aujourd'hui et nombreuses seront les occasions d'en voir les vertiges à proximité de votre trajet.

L'escalier d'écluses de Fonsérannes

La "couchée" du Somail

4. LE PARCOURS

4.1 GÉNÉRALITÉS

Ravitaillements

Il est difficile de donner une liste précise de ce qui est vendu à chaque point de ravitaillement. Vous trouverez sur la carte la localisation de nombreux points où vous pourrez faire quelques courses et acheter l'essentiel de votre ravitaillement.

Voici quelques conseils pour que vous puissiez trouver ce que vous cherchez en la matière. Chaque village dispose d'une ou plusieurs épiceries qui souvent sont aussi des dépôts de pain. Si c'est le cas, il est préférable de se lever tôt le matin pour aller acheter sa baguette, car l'épicier commande fréquemment une quantité limitée de baguettes et vous risquez d'être pris de court. Vous pourrez aussi acheter dans ces commerces les aliments de base, parfois même la presse locale, intéressante pour connaître les prévisions météorologiques.

Selon le type de votre voyage, le nombre de jours que vous lui consacrerez et les moyens financiers dont vous disposez, il vous sera facile de trouver des restaurants et des auberges tout au long du parcours. Certains de ces restaurants sont réputés, d'autres sont plus familiaux... Je vous conseille de vous fier à votre intuition. Chaque village et ville vous offrira un choix en matière de restauration et vous pourrez ainsi joindre l'utile à l'agréable en découvrant la gastronomie et les vins des régions traversées. La solution du restaurant midi et soir ne sera à envisager que pour un trajet de 5 à 7 jours où vous ne roulerez que sur des demi-journées. De plus, cela peut rapidement revenir assez cher.

Une solution intermédiaire est le restaurant le soir uniquement en emportant le repas de midi en pique-nique.

Il est bien sûr possible d'envisager de s'organiser soi-même pour tous les repas. Dans ce cas, partez en vous chargeant d'un minimum de denrées en conserve pour vous dépanner au cas où vous auriez du mal sur un secteur à trouver votre bonheur. Les points où vous trouverez des commerces sont situés dans les villages en bordure de canal ou à proximité. Restaurants, supermarchés, boulangeries, épiceries, boucheries sont indiqués sur les cartes.

Hébergements

Plutôt que de vous proposer des solutions clefs en main qui ne correspondront jamais vraiment à ce que vous cherchez en la matière, je vous propose tout le long du parcours une liste de possibilités d'hébergement classées de Toulouse à Marseillan dans 3 catégories : les campings, les hôtels et les chambres d'hôtes/gîtes d'étape. D'autres solutions plus restrictives comme les auberges de jeunesse existent et sont données à titre indicatif.

Le camping sauvage est bien sûr possible, c'est à vous de voir si cela vaut le coup étant donné les contraintes et les risques que cela représente. De plus, il est quand même agréable de pouvoir se doucher à l'arrivée d'une étape...

4

Toutes les solutions de logement ne sont pas possibles à tous les arrêts que j'ai notés. Vous devrez parfois vous écarter un peu de votre chemin, allonger ou raccourcir une étape, changer de mode de couchage, en un mot, vous adapter à ce qui existe sur le terrain. Vous avez de nombreuses solutions. À vous de préparer votre voyage, établir les contacts à l'avance car les adresses données sont valables à ce jour (janvier 2001), mais peuvent avoir disparu d'une année sur l'autre et effectuer les réservations qui sont toujours conseillées avant de partir. Et si mes propositions ne vous satisfont pas complètement, vous avez toujours la possibilité d'utiliser votre Minitel, de contacter par téléphone les Offices de Tourisme et syndicats d'initiative (voir liste dans les annexes) ou vous connecter sur Internet où le site des gîtes de France regorge de solutions tout le long du parcours.

Si vous prévoyez de planifier votre trajet "hors saison", pensez à vérifier l'ouverture des hébergements. Pensez aussi à demander à la réservation s'il est possible de ranger le vélo pour la nuit dans un local fermé.

Enfin, la liste ci-dessous est volontairement exempte de commentaires. Je n'ai pas l'intention, et je n'ai pas la compétence, pour concurrencer le "guide Michelin" ou le "guide du Routard". Tournez-vous vers ceux-ci si vous voulez vraiment des informations sur la qualité des accueils. La liste que je vous propose est sans garantie sur le service... N'hésitez pas à votre retour à me faire part de vos commentaires à l'adresse de l'association (voir dans les annexes).

4.2 TOULOUSE - CASTELNAUDARY

Les sites à ne pas manquer

Comme vous pouvez le lire sur la page consacrée aux ouvrages, les sites intéressants sont nombreux tout au long du Canal. Certains sont imposants et incontournables, mais d'autres sont plus discrets et il sera nécessaire de descendre de votre "monture" afin de pouvoir les apprécier. Vous trouverez donc dans les pages qui suivent une description plus ou moins détaillée de ces sites à ne pas manquer. Ils sont repérés sur les cartes pour que vous puissiez les localiser facilement et sont rangés dans l'ordre du voyage de Toulouse à Marseillan. Certains de ces ouvrages intéressants ne sont pas décrits ici tout simplement car il n'est pas toujours nécessaire de les commenter. Il faut juste prendre un moment pour en apprécier la beauté ou la technicité.

Toulouse, les Ponts Jumeaux

Toulouse marque la fin du Canal du Midi du côté de l'océan. Il ne reste que peu d'ouvrages intéressants dans la ville, les nécessités de la circulation urbaine et l'aménagement des berges ont modifié jusqu'à son cours. Différents ponts, ports et écluses jalonnent son tracé dans son contournement de la ville rose avant de rejoindre la Garonne. Le port Saint-Étienne qui doit son nom à la cathédrale Saint Étienne toute proche. C'est là que se trouve la tombe de Pierre-Paul Riquet à proximité de laquelle sont installés les bureaux des VNF et les archives du Canal.

Votre point de départ (ou d'arrivée) sera certainement la gare Matabiau mais, n'hésitez pas à faire les 3 km supplémentaires pour rejoindre les Ponts Jumeaux.

C'est le seul ouvrage toulousain à avoir conservé son état originel, mise à part la modification du XVIIIe siècle. Cet ouvrage formé de trois ponts accolés porte ce nom car il n'était composé au départ que de deux arches. Le Canal du Midi arrive

4

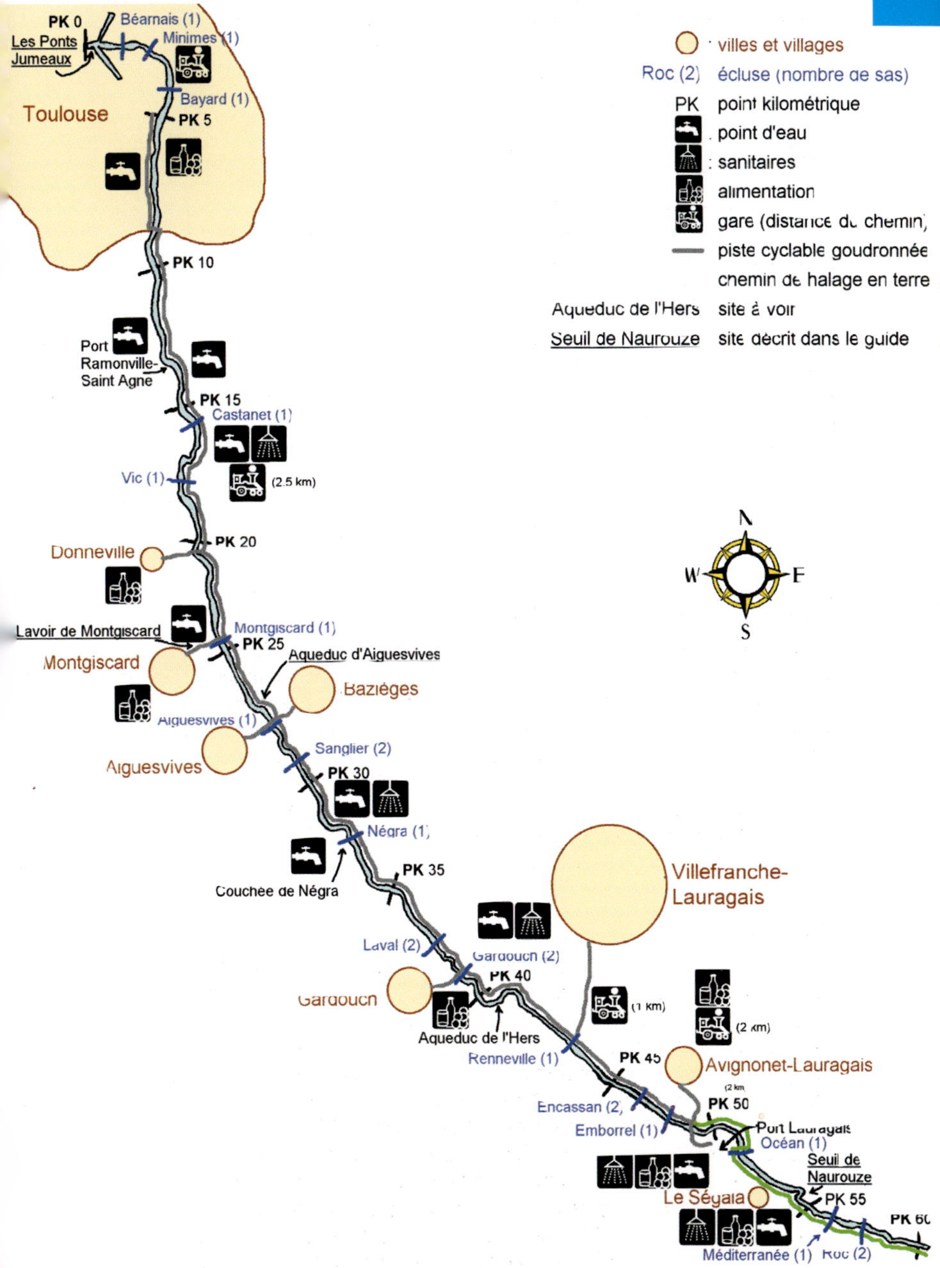
PK 0
Les Ponts Jumeaux
Béarnais (1)
Minimes (1)
Toulouse
Bayard (1)
PK 5
PK 10
Port Ramonville-Saint Agne
PK 15
Castanet (1)
Vic (1)
(2.5 km)
PK 20
Donneville
Lavoir de Montgiscard
Montgiscard (1)
PK 25
Montgiscard
Aqueduc d'Aiguesvives
Baziéges
Aiguesvives (1)
Aiguesvives
Sanglier (2)
PK 30
Négra (1)
Couchée de Négra
PK 35
Villefranche-Lauragais
Laval (2)
Gardouch (2)
PK 40
Gardouch
(1 km)
Aqueduc de l'Hers
Renneville (1)
(2 km)
PK 45
Avignonet-Lauragais
Encassan (2)
PK 50
Emborrel (1)
Port Lauragais
Océan (1)
Seuil de Naurouze
Le Ségala
PK 55
PK 60
Méditerranée (1)
Roc (2)
villes et villages
Roc (2) écluse (nombre de sas)
PK point kilométrique
point d'eau
sanitaires
alimentation
gare (distance du chemin)
piste cyclable goudronnée
chemin de halage en terre
Aqueduc de l'Hers site à voir
Seuil de Naurouze site décrit dans le guide
N
W
E
S

Toulouse, les Ponts Jumeaux

par l'arche centrale. Lorsque l'on fait face au bas-relief de marbre, on trouve à droite, le Canal de Brienne qui mène à l'écluse de la Garonne puis au fleuve. Le pont de gauche a été rajouté lors de la construction du Canal Latéral. Le magnifique bas-relief en marbre de Carrare sculpté par le Toulousain Lucas en 1775 représente l'Occitanie, placée au centre qui ordonne au canal de couler de la Méditerranée dans l'Océan. À gauche de l'Occitanie, la Garonne lève sa tête couronnée de roseaux pendant que les Génies des Arts creusent le lit du fleuve artificiel qui doit porter les richesses des deux mondes. Jusqu'au milieu du XIXe siècle, les péniches empruntaient le cours de la Garonne. Afin d'éviter les problèmes liés à la navigation sur le fleuve, on décida de creuser le Canal Latéral à la Garonne. Les travaux furent entrepris en 1838 pour s'achever en 1852. Ce canal long de 195 km relie Toulouse à la Garonne devenue navigable à Castets-en-Dorthe, à 50 km de Bordeaux. Creusé 150 ans après le Canal du Midi, son tracé rectiligne, s'il est plus favorable à la navigation, présente moins de charme que celui-ci.

Le lavoir de Montgiscard

C'est un des rares encore présents sur le canal. Il fut un temps où les lavoirs étaient nombreux sur les bords du canal. L'eau était plus claire et les femmes venaient y laver leur linge. Des lavoirs étaient ainsi aménagés et il était interdit de laver son linge ailleurs. Vous apprécierez la beauté de celui-ci, assez bien conservé.

L'aqueduc d'Aiguesvives

L'aqueduc d'Aiguevives est très didactique. En effet, il permet de comprendre ici le principe de ce type d'ouvrage. Le ruisseau vient du village d'Aigues-Vives par la rive opposée au chemin de halage. Il passe sous le Canal par deux voûtes de 2,60 m de large. Le chemin de halage emprunte un joli petit pont en briques, dont l'arche enjambe le bassin de sortie.

Le lavoir de Montgiscard

Le seuil de Naurouze, la clef de voûte

C'est la découverte de cet endroit stratégique qui a fait défaut à tous ceux qui ont un jour imaginé la construction d'un canal de jonction de l'Océan à la Méditerranée. Il fallait en effet, avec les moyens techniques de l'époque, trouver ce lieu magique où les eaux hésitent à couler vers un versant ou vers l'autre. Paul Riquet fut le premier à découvrir ce site sur le point de partage où il a ensuite suffi d'amener les eaux stockées dans le réservoir de Saint-Ferréol pour alimenter les deux versants du Canal. Ce réservoir d'eau est destiné à contrôler le débit du Canal.

La sortie à l'ouest, par l'écluse, de l'Océan constituait le départ vers Toulouse, la sortie est par l'écluse de la Méditerranée vers Béziers. Paul Riquet avait même prévu de créer en ces lieux une ville de prestige tout autour du bassin octogonal bâti sur le site de Naurouze, mais le projet ne vit pas le jour. De plus, le bassin s'est vite ensablé car les eaux étaient très chargées en limon qui se déposait au fond. Quelques années plus tard, il a été supprimé et la sortie ouest fermée. Vauban a creusé un canal pour amener les péniches de la sortie est à l'ancien tracé en direction de Toulouse. Une magnifique allée de platanes, aujourd'hui bicentenaires, a été plantée au travers de l'ancien bassin octogonal et les héritiers de Paul Riquet ont fait ériger près du site un obélisque en son honneur.

À voir et à faire autour du Canal

À voir

Toulouse

La ville rose tient son surnom des briquettes qui ont servi à la construction de nombreux monuments et maisons. C'est la métropole régionale mais c'est aussi une ville au passé chargé d'histoire. C'est ici que Simon de Monfort trouva la mort dans sa folle croisade contre les Cathares, tué par un tir de catapulte. De très nombreuses visites à thèmes y sont organisées en saison. Si vous êtes intéressé, vous prendrez contact directement avec l'office de tourisme pour avoir le programme détaillé. Parmi les monuments incontournables comme le Capitole et la célèbre salle des "Illustres", la Basilique St Sernin, le Cloître et l'église des Jacobins, la cathédrale Saint-Étienne retiendra peut-être votre attention car c'est là que se trouve la tombe de Paul Riquet, et les archives du Canal sont situées à proximité avec les bureaux des Voies Navigables de France.

Une visite originale, la boutique-exposition "La fleurée du pastel" est entièrement consacrée à cette plante tinctoriale qui a fait la richesse de la région et a donné sa couleur bleue à toute l'Europe au XVIe siècle. Située 20 rue de la bourse, dans la demeure d'un négociant édifié en 1495, vous la trouverez sur votre droite avant d'arriver à la Garonne en partant du port Saint-Étienne en direction du Pont Neuf.

Villefranche-Lauragais

Cette ville a connu un essor important au moment du développement de la culture du pastel. Son église typique de la région au clocher-mur à 6 baies et 2 tours octogonales est assez remarquable. De nombreux autres villages de la région possèdent des églises construites en briques rouges, flanquées du clocher-mur campanaire caractéristique (Donneville, Montgiscard, Baziège...).

La basilique Saint-Sernin à Toulouse

L'aqueduc d'Aiguesvives

Avignonet-Lauragais

Le château d'Avignonet fut le lieu en 1242 du massacre des inquisiteurs par les chevaliers cathares descendus du célèbre château de Monségur. Forteresse, vestiges de remparts, tours témoignent de ce passé agité.

Port Lauragais

Ce port du Canal aménagé il y a quelques années est aussi une aire d'autoroute. Vous y trouverez toutes les commodités liées à ces installations, jusqu'à un restaurant (la dînée) et un hôtel (la couchée). Mais surtout, une exposition permanente et très intéressante sur le thème de l'histoire du Canal du Midi est ouverte gratuitement ainsi qu'une seconde sur le sport roi dans la région : le rugby.

Naurouze

C'est ici que se partagent les eaux du Canal. Le site est très intéressant et très agréable à visiter en raison du nombre important d'arbres d'essences différentes qui y ont été plantés. Une superbe rangée de platanes bicentenaires trône au milieu de l'ancien bassin octogonal de recueillement des eaux de la rigole de la montagne. Un obélisque a été érigé à proximité par les descendants de Paul Riquet en son honneur.

Saint-Ferréol

Il est possible de suivre la rigole d'alimentation depuis le seuil de Naurouze sur 40 km pour rejoindre le barrage de Saint-Ferréol où l'on peut se baigner et pratiquer divers sports nautiques. On peut y visiter les installations de robinetterie qui règlent le débit des eaux dans la rigole.

4

Les hébergements

Toulouse
*Hôtel*** Mercure Matabiau*
64 bd Pierre Semard
05 61 62 84 93

Toulouse
*Hôtel*** Victoria (Frantour)*
76 rue Bayard
05 61 62 50 90

Toulouse
*Hôtel** Albion*
28 rue Bachelier
05 61 63 60 36

Toulouse
*Hôtel** De Bordeaux*
4 bd Bonrepos
05 61 62 41 09

Toulouse
*Hôtel** Icare*
11 bd Bonrepos
05 61 63 66 55

Toulouse
Hôtel La Chartreuse*
4 bis bd Bonrepos
05 61 62 93 39

Toulouse
Hôtel Quick Palace
4 rue Ariane
05 61 73 15 15

Donneville
*Hôtel** L'enclos*

05 62 71 74 74

Villefranche Lauragais
Auberge de la Pradelle
21 place Gambetta 31290
05 61 81 60 72

Villefranche Lauragais
Hôtel des Voyageurs
127 rue République
05 61 27 02 27

Avignonet-Lauragais
Hôtel La Couchée
A61 aire Port Lauragais
05 61 27 17 12

Naurouze
Gîtes ruraux et ch. d'hôtes
Le Moulin de Naurouze
101 chemin des Légendes
04 68 60 19 14

Toulouse
*Hôtel*** Phoenicia*
7 bd Bonrepos
05 61 63 81 63

Toulouse
*Hôtel** Saint-Severin*
69 rue Bayard
05 61 62 71 39

Toulouse
*Hôtel** Des Ambassadeurs*
68 rue Bayard
05 61 62 65 84

Toulouse
*Hôtel** Comfort*
5 bd de la gare
05 61 34 11 71

Toulouse
*Hôtel** Orsay*
8 bd Bonrepos
05 61 62 71 61

Toulouse
Hôtel La dépêche*
56 rue Bayard
05 61 62 31 58

Toulouse
*** Camping du Rupé*
21 chemin Pont de Rupe
05 61 70 07 35

Baziège
Gîtes ruraux, ch. d'hôtes
Les Fontanelles
05 62 71 25 90

Villefranche Lauragais
Ducos Hélène
106 rue République
05 61 81 62 17

Villefranche Lauragais
Hôtel du Lauragais
15 rue République
05 61 27 00 76

Avignonet-Lauragais
Hôtel Restaurant l'Obélisque
2 av. Occitanie
05 61 27 24 30

Labastide d'Anjou
Hostellerie Etienne d'Anjou
1 chemin St Jammes
04 68 60 10 08

Toulouse
*Hôtel*** Terminus*
13 bd Bonrepos
05 61 62 44 78

Toulouse
*Hôtel** Le Toulouse*
63 rue Bayard
05 61 62 41 03

Toulouse
*Hôtel** Le Bachelier*
29 place bachelier
05 61 62 61 94

Toulouse
*** Grand hôtel d'Orléans*
72 rue de Bayard
05 61 62 98 47

Toulouse
*Hôtel** Riquet*
92 rue Riquet
05 61 62 55 96

Toulouse
Hôtel Formule 1
ZAC du Canal
05 61 75 04 12

Toulouse
*** Camping des Violettes*
RN113 Porte de Toulouse
31450 Deyme
05 61 81 72 07

Aiguesvives
Camping Les peupliers
RN 113
05 61 81 11 11

Villefranche Lauragais
Hôtel de France
106 rue République
05 61 81 61 31

Villefranche Lauragais
La Route du Pastel
80 rue République
05 61 81 62 11

Villefranche Lauragais
Camping municipal
Le Radel
05 61 27 07 48

Ginestas
Gîte rural / ch. d'hôte
M. et Mme M. Bernabeu
Le Port du Somail
04 68 46 16 02

À faire

Toulouse

— En février et mars, la fête de la violette, spécialité toulousaine, vous permettra de vous initier à la culture de cette fleur et de visiter des serres.
— Les bateaux Toulousains proposent une promenade en bateau, avec possibilité de restauration, sur le Canal du Midi, le Canal de Brienne et la Garonne (05 61 32 84 84)

En Lauragais

— À Montgiscard, la péniche Salammbô amarrée en amont de l'écluse propose une boutique thématique autour des agrumes avec une exposition d'une grande variété d'arbustes et un salon de thé avec boissons et pâtisseries « maison » à base d'agrumes. Contact au 06 21 11 03 74.
— Croisière promenade entre Renneville et Port Lauragais (dans un sens ou dans l'autre) sur une ancienne péniche aménagée avec "Les croisières en douce" (05 61 27 14 77).

Les marchés

Toulouse le mardi place du Capitole, Villefranche-Lauragais le vendredi, Montgiscard le dimanche, Baziège le samedi.

Où faire une pause ?

— Écluse du Sanglier (PK 29)
— Écluse de Gardouch (PK 39)
— Écluse de l'océan (PK 52)
— Seuil de Naurouze (PK 54)

Où faire une belle photo ?

— Lavoir de Montgiscard (PK 25)
— Aqueduc d'Aiguesvives (PK 27)
— Aqueduc de l'Hers (PK 40)
— Allée de platanes au Seuil de Naurouze (PK 54)

4.3 CASTELNAUDARY - CARCASSONNE

Les sites à ne pas manquer

Castelnaudary : le Grand Bassin et les écluses Saint-Roch

La traversée de Castelnaudary présente une succession d'ouvrages originaux. Le premier est le Pont Neuf construit en 1787-1788 par les États du Languedoc. On rencontre ensuite le Pont-Vieux en dos d'âne datant de la fin du XVIIe siècle. Ces deux ouvrages proches permettent d'apprécier le contraste des constructions des deux époques. Après le Pont-Vieux s'ouvre le Grand Bassin, véritable petit lac creusé dans un vallon au pied de la ville. Le bassin se termine en aval par le pont Saint-Roch récemment bâti.

4

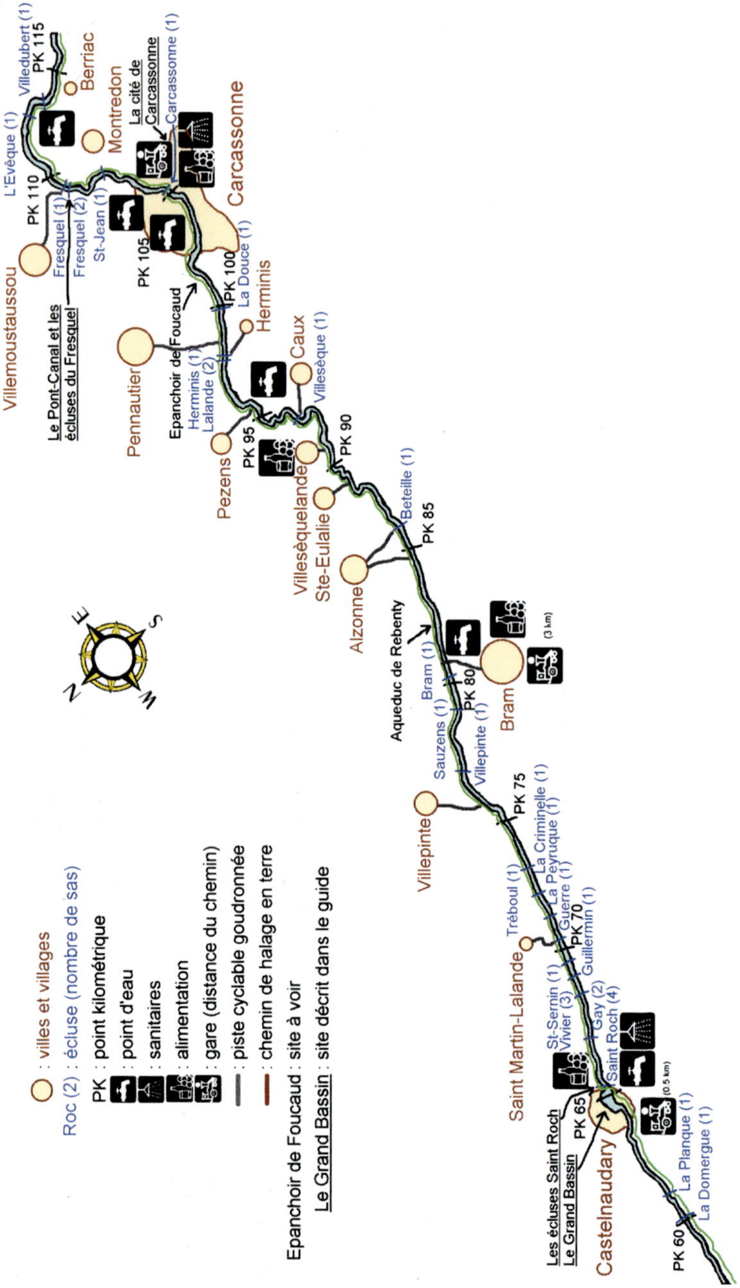
: villes et villages
Roc (2) : écluse (nombre de sas)
PK : point kilométrique
: point d'eau
: sanitaires
: alimentation
: gare (distance du chemin)
: piste cyclable goudronnée
: chemin de halage en terre
Epanchoir de Foucaud : site à voir
Le Grand Bassin : site décrit dans le guide
Castelnaudary
PK 60
La Planque (1)
La Domergue (1)
Les écluses Saint Roch
Le Grand Bassin
PK 65
Saint Roch (4)
(0.5 km)
Saint Martin-Lalande
St-Sernin (1)
Vivier (3)
Gay (2)
Guillermin (1)
PK 70
Guerre (1)
La Peyruque (1)
La Criminelle (1)
Tréboul (1)
PK 75
Villepinte
Villepinte (1)
Sauzens (1)
PK 80
Bram (1)
Bram
(3 km)
Aqueduc de Rebenty
Alzonne
PK 85
Beteille (1)
Ste-Eulalie
Villesèquelande
PK 90
Pezens
PK 95
Caux
Villesèque (1)
Lalande (2)
Herminis (1)
Epanchoir de Foucaud
Pennautier
Herminis
La Douce (1)
PK 100
PK 105
Le Pont-Canal et les écluses du Fresquel
Villemoustaussou
Fresquel (1)
Fresquel (2)
St-Jean (1)
Carcassonne
Carcassonne (1)
La cité de Carcassonne
PK 110
L'Evêque (1)
Montredon
Berriac
Villedubert (1)
PK 115
N
E
S
W

Le Grand Bassin de Castelnaudary

L'écluse Saint-Roch se trouve après le pont. Elle est formée de 4 bassins accolés qui permettent de franchir une dénivellation de 9,50 m. Des moulins construits à droite de l'écluse ont été remplacés aujourd'hui par une minoterie. Sur la rive gauche, se trouve la "dînée". Les voyageurs se restauraient pendant que la barque de la poste franchissait les 4 bassins. Sur la route de Carcassonne, on rencontre d'autres ouvrages intéressants : l'écluse du Viviers, le Grand Bassin de Villepinte, le port de Bram, l'aqueduc de Rebenty à 4 voûtes et l'aqueduc de l'Espitalet, semblable à celui d'Aiguesvives.

Carcassonne

Lors de la construction du Canal, la ville de Carcassonne fut laissée à l'écart de la voie d'eau. Le passage naturel consistait à faire suivre la vallée du Fresquel de Castelnaudary jusqu'à son confluent avec l'Aude à l'aval de Carcassonne. En effet, la vallée était séparée de la ville par des coteaux rocheux qui nécessitaient des excavations de 20 mètres de profondeur. La difficulté n'était pas insurmontable, mais entraînait des frais importants. Dès 1669, Riquet était entré en pourparlers avec le juge mage de Carcassonne pour faire passer le canal sous les murs de la ville. Il demandait à la communauté une participation de 100 000 livres. Un parti influent empêcha l'aboutissement de l'affaire et le Canal passa à deux kilomètres au nord de la ville, le long de la vallée du Fresquel.

On s'aperçut rapidement de l'erreur commise. Le charroi des marchandises faisait perdre tout le bénéfice du Canal. Peu avant la Révolution, son détournement fut décidé. Les travaux commencés en 1787 furent terminés en 1810. Le nouveau tronçon commence à l'épanchoir de Foucaud. On traverse ensuite la tranchée de l'Estagnol et l'on passe sous le pont d'Iéna. Après le pont de la Pais, le canal s'élargit en un large bassin, le port de Carcassonne, terminé en aval par l'écluse et le pont de Marengo. On rejoint ensuite l'ancien tracé en bas de l'aqueduc de Fresquel.

Les ouvrages du Fresquel : le pont-canal et les écluses

L'ouvrage est remarquable et présente la particularité de permettre le passage côte à côte du canal et de la route. Les travaux de construction de ce pont-canal à 3 arches ont débuté en 1802 pour s'achever en 1810. Le lit du Fresquel a été taillé

4

Le pont-canal du Fresquel

dans le rocher. Immédiatement en aval de l'aqueduc, se trouve l'écluse double de Fresquel, séparée par l'écluse de Fresquel simple par un bassin de 250 m.

À voir et à faire autour du Canal

À voir

Mas Saintes-Puelle

La poterie de Monsieur Not, en face de l'écluse de la Méditerranée vous propose d'observer la fabrication traditionnelle des célèbres "cassoles", plats en terre cuite, qui ont donné leur nom au cassoulet.

Castelnaudary

Célèbre par son cassoulet et son Grand Bassin, Castelnaudary est une ville étape du Canal. Vous pourrez donc profiter de votre passage pour déguster un cassoulet fait maison par un des traiteurs de la ville accompagné d'un verre de vin des Corbières.

Le moulin de Cugarel sur les hauteurs offre une belle vue par temps clair sur la pleine de Lauragais. Le système de meunerie a été reconstitué et l'on peut le visiter.

Épanchoir de Foucaud

C'est ici que le Canal empruntait son tracé initial qui évitait Carcassonne et l'on peut encore y voir les traces de celui-ci. Sur ce même site, l'association Phlomis a créé un jardin botanique avec plus de 500 espèces de plantes médicinales. Vous pourrez ainsi, grâce aux membres de l'association, découvrir les arômes, les couleurs et les qualités médicinales de la flore de la région.

Carcassonne

La ville aux 2 sites classés au patrimoine mondial par l'Unesco. C'est unique et Carcassonne vaut bien que l'on s'y arrête. La cité médiévale entourée d'une double enceinte flanquée de 38 tours trouve ses origines au IIIe siècle. Elle a subi de nombreuses modifications et a été le cadre de scènes tragiques au cours de la croisade des Albigeois (1240). Depuis le Canal, il est facile d'accéder à la cité à vélo ou même à pied (15 minutes). Vous pourrez alors selon vos goûts, visiter le château Comtal, participer à une visite guidée des remparts, flâner dans les petites rues très commerçantes ou même pour les plus fatigués, faire un tour des remparts commenté en petit train touristique ou en calèche. De nombreux petits musées plus ou moins intéressants parsèment les rues. Parmi eux, même si leur intérêt est limité, on notera deux musées originaux : le musée de l'école et le musée des instruments de torture.

À faire

Montolieu, village du livre

— Situé à une douzaine de kilomètres du Canal, ce village vaut bien le détour. Pour vous y rendre, vous quitterez les chemins de halage au PK 96, au pont de Pezens. Vous emprunterez ensuite la D48 (plus vallonnée mais plus calme que la D629) sur 10 km puis vous prendrez à gauche la D148 sur 2 km pour rejoindre Montolieu. Consacré aux métiers du livre, ce village est animé par une vingtaine de libraires, d'artisans d'arts graphiques (relieur, copiste-calligraphe, graveur) et dispose d'un conservatoire des Arts et Métiers du livre. Ici, vous pourrez simplement flâner dans les rues et découvrir les différentes boutiques, vous joindre à une visite guidée ou participer à un des passionnants ateliers proposés par les animateurs du site sur des thèmes de la typographie, la gravure, la fabrication du papier, la reliure, l'enluminure...

Carcassonne

— Un intéressant spectacle de fauconnerie à proximité de la cité vous permettra d'apprécier des rapaces en action (04 68 47 88 99).

— Tous les ans, au mois d'août, des spectacles médiévaux sont proposés tous les jours. "Carcassonne, terre d'histoire" (04 68 86 11 64) présente aussi des tournois de chevalerie durant la première quinzaine d'août (04 68 10 24 30).

— Chaque 14 juillet, l'embrasement pyrotechnique de la Cité est un spectacle à ne manquer sous aucun prétexte. Pour une belle vue, prenez place assez tôt sur les bords de l'Aude.

— Promenade en péniche autour de Carcassonne au départ du port de Carcassonne ou de celui de Trèbes avec "Les croisières entre deux mers". Possibilité de prendre le repas à bord fourni par un traiteur ou d'emporter son pique-nique (04 67 94 42 02).

4

— Pour visiter la cité dans les meilleures conditions, l'Hôtel de la Bastide, 81 Rue de la Liberté, 04 68 71 96 89, propose de garder les vélos, pour la somme de 6 € la demi-journée.

Les marchés

Castelnaudary le lundi, Bram le mercredi, Carcassonne le mardi, le jeudi et le samedi, Montolieu le 3e dimanche du mois (marché du terroir).

Où faire une pause ?

— Écluses Saint-Roch à Castelnaudary (PK 65).
— Villesèquelande (PK 91).
— « L'eau berge du Canal » au port de Bram (Tél. : 04 68 76 73 34)
— « La crêperie de l'écluse » à l'écluse de Herminis (PK 98) 04 68 26 46 57
— Épanchoir de Foucaud (PK 101).
— Ouvrages du Fresquel (PK 109).

Où prendre une belle photo ?

— Grand Bassin de Castelnaudary au coucher de soleil (PK 65).
— Méandres du Canal (PK 88 à 96).
— Écluses de Herminis et Lalande (PK 98).
— En sortant de Carcassonne, une belle vue sur la Cité depuis le Canal et une photo des deux sites de la ville classés au patrimoine mondial par l'Unesco. Unique ! (PK 106).

Le port de Carcassonne

Les hébergements

Castelnaudary

*Hôtel***, Hôtel de France et Notre Dame*
2 av. Frédéric Mistral
04 68 23 10 18

*Hôtel***
Campigotto Jean Jacques
31 cours République
04 68 23 25 95

Hôtel Clos St Siméon
134 av. Monseigneur de Langle
04 68 94 01 20

Hôtel Le Siècle
24 cours République
04 68 23 27 23

Hôtel de la Gare
3 av. Gare
04 68 94 16 10

Hôtel du Canal
2 ter av. Arnaut Vidal
04 68 94 05 05

Hôtel Fourcade (Grand)
14 rue Carmes
04 68 23 02 08

Hôtel Restaurant du Centre et du Lauragais
31 cours République
04 68 23 25 95

Camping La Giraille
Chemin Fontanilles
04 68 94 11 28

Saint Martin-Lalande

Camping à la ferme
Chez J. et M. Sabatte
Lieu dit La Capelle
04 68 94 91 90

Villepinte

Camping municipal
Champ de la Rize
04 68 94 24 75

Hôtel Aux Deux Acacias
23 RN113
04 68 94 24 67

Bram

Hôtel Chez Alain
La Leude RN113
04 68 76 12 75

Hôtel Le Clos Saint Loup
69 av. Razès
04 68 76 11 91

Alzonne

Villa les Cèdres
Chambres d'hôtes - Artisanat d'art
2 rue des Ecoles
04 68 76 93 43
Mobile : 06 25 98 03 28
www.villalescedres.com

Cavanac

M. Mme Henry de Sonis
Domaine de Maran
Route de Saint-Hilaire
04.68.79.65.31
Portable : 06.61.11.12.03
www.domaine-de-maran.com

Pennautier

Gîtes ruraux, ch. d'hôtes
Château Le Liet
Domaine Liet
04 68 11 19 19

Château de Pennautier
Gîtes et Camping
Route de Carcassonne
Tél. 04 68 25 41 66
www.chateaudepennautier.com

Pezens

Gîtes ruraux, gite d'étape
Divier Olivier
1 rue François Villon
04 68 24 93 28

Hôtel Le Réverbère
Dom. Madeleine - RN 113
04 68 24 92 53

4.4 CARCASSONNE - CAPESTANG

Les sites à ne pas manquer

Le pont-canal d'Orbiel

Ce très bel ouvrage à 3 arches par lequel le Canal franchit la vallée de l'Orbiel a été construit sur les plans de Vauban en 1688. C'est l'un des premiers grands ponts-canaux construits en France. Le principe de franchissement de l'Orbiel était à l'origine très différent. Une chaussée avait été construite pour élever les eaux de l'Orbiel au niveau du Canal. Les barques passaient en arrière de ce barrage jusqu'à l'autre rive.

Trèbes

C'est à Trèbes que se terminait la première tranche des travaux. Il était prévu dans le projet initial de 1666 que le Canal se termine là, les bateaux auraient ensuite gagné la Méditerranée par le cours de l'Aude. C'est aussi le lieu de la deuxième "couchée".

4

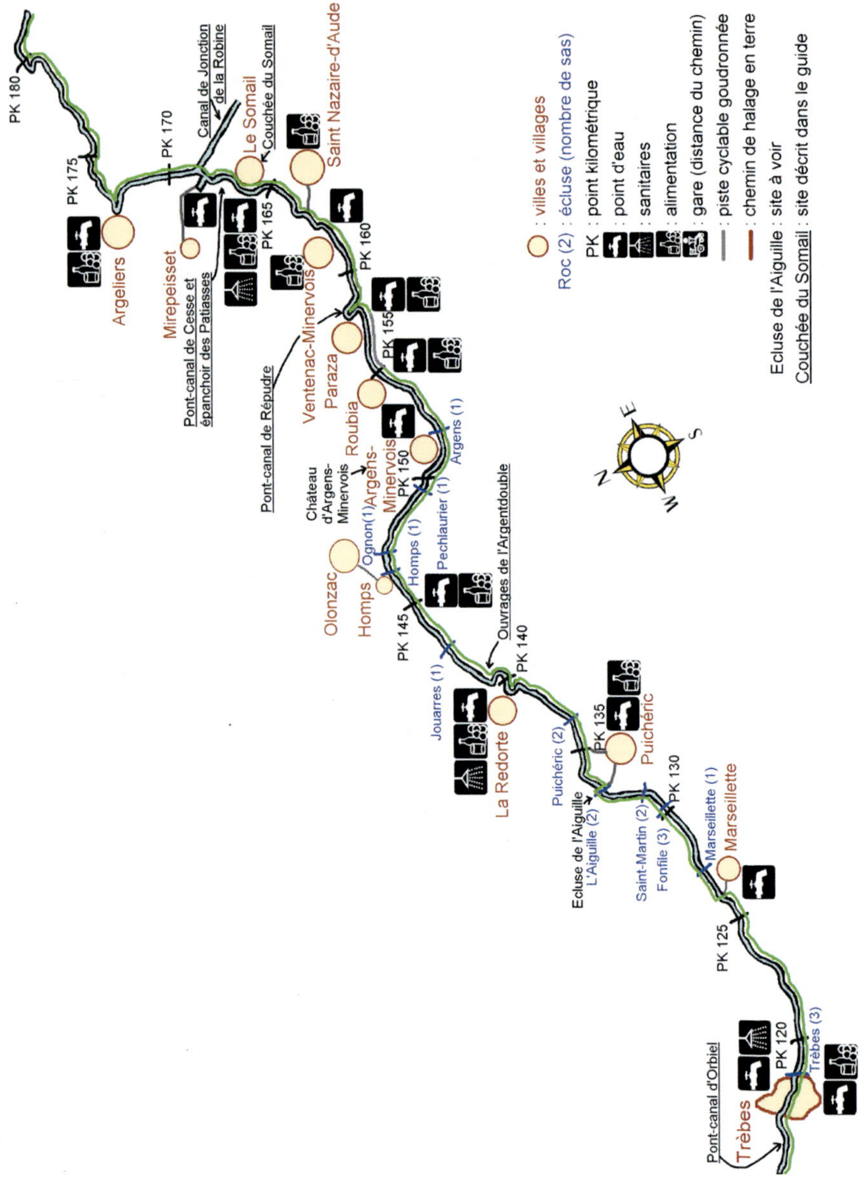
PK 180
PK 175
PK 170
PK 165
PK 160
PK 155
PK 150
PK 145
PK 140
PK 135
PK 130
PK 125
PK 120
Argeliers
Mirepeisset
Canal de Jonction de la Robine
Le Somail
Couchée du Somail
Saint Nazaire-d'Aude
Pont-canal de Cesse et épanchoir des Patiasses
Pont-canal de Répudre
Ventenac-Minervois
Paraza
Roubia
Château d'Argens-Minervois
Argens-Minervois
Argens (1)
Pechlaurier (1)
Ognon(1)
Homps (1)
Olonzac
Homps
Ouvrages de l'Argentdouble
Jouarres (1)
La Redorte
Puichéric (2)
Puichéric
Ecluse de l'Aiguille
L'Aiguille (2)
Saint-Martin (2)
Fonfile (3)
Marseillette (1)
Marseillette
Trèbes (3)
Trèbes
Pont-canal d'Orbiel
N
E
S
W
: villes et villages
Roc (2) : écluse (nombre de sas)
PK : point kilométrique
: point d'eau
: sanitaires
: alimentation
: gare (distance du chemin)
: piste cyclable goudronnée
: chemin de halage en terre
Ecluse de l'Aiguille : site à voir
Couchée du Somail : site décrit dans le guide

L'écluse de Trèbes est une écluse triple, bâtie en partie dans le rocher. Comme à Castelnaudary, on a profité du dénivelé pour construire deux moulins. Plus loin, on a dû entailler la falaise car le Canal est très proche de l'Aude. Il longe l'étang de Marseillette avant d'arriver à l'écluse de l'Aiguille puis à l'aqueduc du même nom qui permet le passage de l'Aiguille, rigole d'assèchement qui draine les eaux de l'étang dans l'Aude.

La Redorte et les ouvrages de l'Argentdouble

Le Pont Neuf de la Redorte est un bel exemple des ponts construits au XVIIIe (1780). Les deux clefs de voûte sont décorées de croix du Languedoc, qui ont été martelées à la Révolution.

Peu après, on rencontre l'épanchoir d'Argentdouble, construit en 1693 par le maître maçon biterrois J. David et ordonné par Vauban. Un réservoir de surface permet d'évacuer les eaux superflues du Canal notamment lors des crues de l'Argentdouble. Onze arches permettaient son franchissement. 200 mètres plus loin, le torrent d'Argentdouble passe sous l'aqueduc du même nom. 250 mètres encore après l'aqueduc, on rencontre la dînée de la Redorte.

En continuant son chemin, on arrive à l'aqueduc puis à l'écluse de Pechlaurier, construits en 1689.

À partir de là, et jusqu'à Fonsérannes, s'étend la Grande Retenue : le Canal est maintenu à un niveau constant sur 54 km. On n'y rencontrera plus d'écluse jusqu'à Béziers.

L'épanchoir d'Argentdouble

Le pont-canal de Répudre

L'aqueduc de Répudre

C'est un ouvrage historique par excellence. C'est le premier pont-canal construit en France, le deuxième du monde. C'est le seul construit par Riquet. Les voyageurs s'arrêtaient pour voir le spectacle alors insolite des bateaux passant sur le pont. L'aqueduc, commencé en 1676, a occupé 400 personnes sur son chantier. La quantité de gravier charrié par le torrent montre, aujourd'hui encore, la nécessité de faire passer la rivière sous le Canal. Au milieu de la façade, une plaque de marbre, apposée au siècle dernier par les héritiers de Paul Riquet, rappelle qu'il en fut l'inventeur.

La couchée du Somail

On arrive ensuite au Somail, joli petit hameau construit autour du Canal pour la "couchée". Le Pont Saint Marcel ou Pont Neuf du Somail, accolé à la chapelle, est un ouvrage remarquable de 1773 qui doit son originalité aux trois pierres utilisées à sa construction : le calcaire, le basalte et le grès. Une librairie de livres anciens y a élu domicile pour le plus grand bonheur des amateurs de vieux ouvrages.

Les ouvrages sur la Cesse

L'ensemble des ouvrages liés au franchissement de la Cesse est des plus intéressants. Ce cours d'eau, qui passe au pied du village de Minerve, a un caractère torrentiel. De plus, à cet endroit, sa vallée est large. Comme pour l'Orbiel, une chaussée, dont il ne reste que des ruines, a été construite. Elle fut considérée comme l'une des merveilles du Canal. Mais ce système était insuffisant et les débordements de la Cesse ont rapidement fait des dégâts. La chaussée fut abandonnée au profit d'un pont-canal construit par Vauban, l'aqueduc de Cesse (1689-1690). La rigole d'alimentation de Mirrepeisset, où celle-ci trouve son origine, emprunte aujourd'hui l'ancien lit du Canal en amont et apporte un complément d'eau au Grand Bief. L'épanchoir des Patiasses, destiné à éliminer les eaux excédentaires, est un ouvrage impressionnant formé d'un grand mur vertical de 8 m, au milieu duquel s'ouvrent 6 voûtes fermées du côté du Canal par 6 vannes de fond. Son fonctionnement nécessite une intervention humaine, ce qui n'est pas sans inconvénient lors de violents orages. L'ancien lit du Canal, côté aval, a été aménagé en port (Port le Robine).

Un pont en basalte et calcaire en Minervois

4

À voir et à faire autour du Canal

À voir

Homps

C'était un des ports importants du Canal du Midi. On chargeait là les fûts de Minervois et de Corbières avant de les embarquer pour Bordeaux. Plusieurs producteurs de vin se trouvent ici et se feront un plaisir de vous accueillir.

Minerve

Ce site est intéressant à double titre. Il s'agit tout d'abord d'un superbe site naturel où la Cesse, que l'on retrouvera près du Somail, a creusé, avec son affluent le Briant, de belles gorges. En descendant dans le lit le plus souvent asséché de ce cours d'eau, vous pourrez emprunter un véritable et imposant tunnel naturel creusé par les eaux dans la roche. Mais Minerve fut aussi une fière forteresse Cathare qui résista courageusement aux assauts de l'armée de Simon de Monfort pour céder au terme d'un long siège par un bûcher. Même s'il ne reste que peu de traces des fortifications, une promenade fort agréable et intéressante dans le village vous conduira à découvrir ce lieu qui a gardé son authenticité. Attention simplement à la grande affluence en période estivale. Il vous faudra mériter la visite car même le site n'est qu'à une douzaine de kilomètres de Homps (PK146), une montée assez raide entre Olonzac et Minerve mettra à mal vos mollets. Il ne s'agit tout de même pas d'un col de montagne.

Au départ de Homps, vous prendrez la D910, assez fréquentée, en direction d'Olonzac que vous traverserez. La D10 vous mènera à Azillanet, d'où il vous restera le 5 kilomètres, dont 3 de côte, pour arriver à la cité cathare.

Argens-Minervois

Le Canal passe ici au pied d'une colline dominée par un imposant château cathare qui a été pris par Simon de Monfort. Il a été remanié au XVIe siècle.

On peut rendre visite à Morgane et Frédéric Schwertz, Domaine des Maels, en bordure de Canal et découvrir leurs meilleurs crus. Le domaine se trouve rive droite, au niveau du pont qui passe sur le Canal pour accéder au village.

Ventenac-Minervois

Le château privé en bord de Canal propose dans sa cave des produits du terroir et en particulier des vins du Minervois.

Le Somail

Il s'agit d'un lieu-dit que se disputent 3 communes dont l'histoire est liée à celle du Canal. Ce fut en effet le lieu d'une couchée de la barque de poste qui a su garder son authenticité. Vous prendrez plaisir à vous y arrêter pour vous désaltérer.

Bize-Minervois

La visite du moulin à huile à la coopérative l'Oulibo est très intéressante. Au cours de cette visite guidée gratuite, vous apprendrez tout sur l'olive et ses produits dérivés. Les olives collectées dans la région sont pressées au moulin de cette coopérative oléicole. Dégustation et vente directe viendront compléter la visite.

Pour rejoindre Bize-Minervois vous quitterez le Canal au niveau du pont situé entre le Somail et le croisement avec le canal de jonction (PK 168). Vous emprunterez la D26 jusqu'à Cabezac à 3 km. Vous traverserez prudemment la D5, la

Minerve

Minervoise, très fréquentée et prendrez en face sur 1 km pour arriver à Bize-Minervois (04 68 41 88 88).

À faire

Puichéric

À l'écluse de l'Aiguille, l'éclusier expose ses sculptures sur bois d'animaux et de personnages filiformes qu'il a réalisées à partir de racines.

Olonzac

Baignade au lac de Jouarres en bordure de Canal au niveau de Homps, rive gauche.

Minerve

Festival "Paroles d'amour en Minervois", deuxième quinzaine de juillet. Dans Minerve, scène ouverte, un spectacle de rue contemporain, sur le thème des paroles d'amour, avec l'implication totale des comédiens amateurs du Minervois.

4

Le Somail

Mme Gourgues tient une librairie de 30000 livres anciens. Un lieu intéressant qui sera le complément idéal de la visite du village du livre à Montolieu (04 68 46 39 16).

Une autre visite originale sur ce même site est celle du musée du chapeau avec plus de 6500 coiffes de tous les temps exposées (04 68 46 19 26).

Bize-Minervois

Organisée par la coopérative oléicole (voir plus haut), la fête de l'olivier a lieu tous les ans à la mi-juillet. Conférences sur le thème de l'olivier, concours d'aïoli, confrérie de l'olivier, son et lumière sont au programme. Renseignements à la coopérative.

Mirrepeisset

Baignade à la base de plein et de loisirs La Garenne.

Promenade à cheval à la ferme équestre chez M. Rancoule (04 68 46 31 11).

Où faire une pause ?

— Écluse de l'Aiguille (PK 133).
— Argens-Minervois - jeux d'enfants rive gauche (PK 151).
— Ventenac-Minervois - jeux enfants rive gauche (PK 161).
— Le Somail (PK 166).
— Argeliers - jeux d'enfants rive gauche (PK173).

Où prendre une belle photo ?

— Épanchoir d'Argentdouble (PK 141).
— Argens-Minervois (PK 151).
— Pont-canal de Répudre (PK 158).
— Le Somail (PK 166).
— Intersection Canal de Jonction (PK 169).

Le pont-canal de Cesse

4

Les hébergements

Carcassonne
*Hôtel****
Bristol
7 av. Mar Foch
04 68 25 07 24

Carcassonne
*Hôtel***
Central
27 bd Jean Jaurès
04 68 25 03 84

Carcassonne
*Hôtel***
Hôtel des Voyageurs
41 allée Iéna
04 68 25 02 34

Carcassonne
*Hôtel***
Grand Hôtel Terminus
2 avenue du Maréchal Joffre
04 68 25 25 00

Carcassonne
*Hôtel**
Saint Joseph
81 rue Liberté
04 68 71 96 89

Carcassonne
*Hôtel**
Astoria
18 rue Tourtel
04 68 25 31 38

Carcassonne
Gîtes ruraux, Ch. d'hôte
La Bastide Saint Louis
42 rue Barbès
04 68 72 34 81

Carcassonne
Camping
Municipal des Camperoles
Rue de Saint Hilaire
04 68 25 11 77

Carcassonne
Auberge de Jeunesse
Rue du vicomte Trincavel
Cité médiévale
04 68 25 23 16

Trèbes
Hôtel
Andalousie Hôtel Grill
Rue Industrie 11800
04 68 78 88 88

Trèbes
Hôtel
La Gentilhommière
6 Sautes Le Bas
04 68 78 74 74

Trèbes
Camping municipal
Chemin de Lalande
04 68 78 61 75

Marseillette
Hôtel
La Muscadelle
69 av. Languedoc
04 68 79 20 90

Homps
Hôtel
Auberge de L'Arbousier
Av. Carcassonne
04 68 91 11 24

Argens
Gîtes ruraux
Cabezas Félix
25 rue Ancienne Forge
04 68 27 22 85

Le Somail
Hôtel
Grand Bleu
Hammeau Le Somail
04 68 46 34 26

Le Somail
Gîtes ruraux, chambres d'hôtes
Le Neptune
Allée des cyprès
04 68 46 04 74

Le Somail
Gîtes ruraux, ch. d'hôtes
L'Aur Blan
135 rue Bergerie
04 68 46 28 08

Mirepeisset
Gîtes ruraux, ch. d'hôtes
Lefèvre Claire
Beau Rivage Ratéquats
04 68 46 25 07

Mirepeisset
Gîtes ruraux, ch. d'hôtes
Rancoule Monique et Guy
Domaine Herbe Sainte
04 68 46 31 17

Mirepeisset
Camping
du val de Cesse
La Garenne
04 68 46 14 94

Puichéric
Gîte rural, ch. d'hôte
Tailieu Bernard
Domaine des Fontalles
04 68 43 72 11

Bize-Minervois
Camping de la Cesse
Esplanade du Champ de Foire
04 68 46 14 40

Vinassan
Camping municipal
Av du Dr Etienne Montestruc
04 68 45 04 74

Azille
Gîte rural, ch. d'hôte
Château de Jouarres
M. et Mme J.-Louis Naisy
04 68 91 28 31

Olonzac
Gîte rural, ch. d'hôte
Le voyageur immobile
Maison d'hôtes en Minervois
3 avenue d'Homps
Tel/Fax : 04 68 91 17 70

Marseillette
Gîte rural, ch. d'hôte
Le Relais occitan
Le Beauvoir
Route de Capendu
Tel/fax: 04 68 79 12 67

Marseillette
Gîte rural, ch. d'hôte
Demeure La Fargue
Martine de Roulhac
04 68 79 13 88

Pouzols Minervois
Restaurant/hôtel/camping
Lisa et Franklin
Auberge L'étoile d'Oc
04 68 46 14 36

Mirrepeisset
Gîte rural, ch. d'hôte
Le passage à gué
Isabelle et Louis Cathala
Rue de la Rigole
04 68 46 31 22

4

Les hébergements

Isabelle et Sylvain Guillon
Domaine l'Horto
11800 Marseillette
Tél. 04 68 79 80 14
sylvainguillon@cario.fr

Gîte fluvial
Péniche Lodela
Hugues ou Valérie Droulers
Tél. 08 70 77 06 80
Portable : 06 82 09 98 75
hudroulers@voila.fr
www.penichelodela.com

Domaine des Maels
Morgane et Frédéric Laigre-Schwertz
Avenue des Platanes
11200 Argens-Minervois
Tél. 04.68.27.52.29
bastide@domainedesmaels.com
www.domainedesmaels.com

Chambres d'hôtes La Cave
Chez Patrick Guillou
6 rue des Muscats
11200 Argens-Minervois
Tél. 04 68 27 55 73
Portable : 06 15 58 28 94
lacaveargens@wanadoo.fr

Chambre d'hôtes
Anne et Ted Kuchen-Loftin
7 avenue de Ginesto
11120 Ginestas
Tél. / Fax : 04 68 46 09 03
eloftin@free.fr

Les Cordeliers du Comtal d'Azillan
Christine et Hervé Léon
22 allées Pol Lapeyre
11700 Azille
Tél./Fax : 04 68 91 31 72
cordeliersducomtal@wanadoo.fr
http://lescordeliers.c.la

Maison Pelissier
Chambre d'hôtes
Amanda & Antony Duff
18, rue Racine
11590 Cuxac d'Aude
Tél. 04 68 33 72 18
duff@maisonpelissier.com
www.maisonpelissier.com

Chambres d'hôtes
Les volets bleus
43 quai d'Alsace
11590 Salleles d'Aude
Tél. 04 68 46 83 03
Fax 04 68 46 90 03
Courrier électronique :
bandb@salleles.net
www.salleles.net

Chambre d'hôtes et gîte
Pierrette Bernabeu
21 Pont du Somail
11120 Le Somail
Tél. / Fax : 04 68 46 16 02
Portable : 06 87 47 38 83
pierrette.bernabeu@wanadoo.fr

La Lucques Masabelle,
une maison d'hôtes
Jean-Philippe et Isabelle Cros
11200 Mirepeïsset
Tél. 04 68 46 37 68
Portable : 06 64 29 32 73
crosisa@aol.com

Le tunnel du Malpas

4

4.5 CAPESTANG - MARSEILLAN

Les sites à ne pas manquer

Le tunnel du Malpas

Au pied de l'oppidum d'Ensérune, sur la commune de Nissan-lez-Ensérunes, se trouve la percée du Malpas. C'est un ouvrage unique sur le Canal du Midi. L'origine du nom viendrait de la difficulté d'exécution du creusement (Malpas = mauvais passage). L'ouvrage franchit une colline incontournable. Creusé dans le roc, il a une longueur de 173 m pour une hauteur de 6 m et une largeur de 8,50 m. Un chemin pédestre en rive gauche permettait le halage.

Lors de sa construction en 1679, le chevalier de Clerville préconise un tracé qui oblige à traverser l'Aude. Pierre-Paul Riquet renonce à ce tracé et préfère percer la montagne d'Ensérune, formée d'un tuf sablonneux, sujet aux éboulements et perméable à l'eau. Colbert le somme de suspendre les travaux. Sans l'entendre, Pierre-Paul Riquet fait venir les ouvriers des autres chantiers. L'intendant Daguesseau se présente six jours après, pour lui intimer l'ordre d'arrêter. Pierre-Paul Riquet lui fait parcourir, à la lueur des chandelles, les 165 mètres de tunnel voûté de 8 mètres de hauteur et de 8 mètres de largeur. Ébahi et stupéfait, il se rend à l'évidence : le Canal est passé ! Commencé en 1679, le tunnel du Malpas fut achevé en 1680. Aujourd'hui, à cet endroit, se croisent 3 tunnels :
— le tunnel d'évacuation des eaux des étangs de Montady, le plus profond.
— la traversée de la voie ferrée SNCF, passage intermédiaire.
— le passage du Canal du Midi le plus haut.

Béziers

Béziers est la ville d'origine de Paul Riquet. Il a tenu, contre vents et marées, à ce que "son Canal" passe ici. On trouve à Béziers deux ouvrages extraordinaires : l'escalier d'écluses de Fonsérannes et le Pont Canal sur l'Orb.

L'escalier d'écluses de Fonsérannes

Cet ensemble de 8 écluses, construit en 1697, est l'ouvrage le plus spectaculaire du Canal du Midi en raison du nombre d'écluses et du dénivelé franchi : 21,5 mètres pour 300 mètres de long. La dernière écluse au bas permettait l'accès à l'Orb. Elle n'est plus en service. Il existait deux écluses plus en aval, c'est pourquoi on parle parfois des 9 écluses de Fonsérannes. Aujourd'hui, seulement 7 sont encore utilisées. C'est la plus étonnante attraction du Canal du Midi, avec sa succession de cascades mais aussi grâce à la vue panoramique sur la ville de Béziers.

Une pente d'eau a été construite en 1990. La photo du haut présente le site avant la construction de la pente d'eau, celle du bas après. Une dérivation du

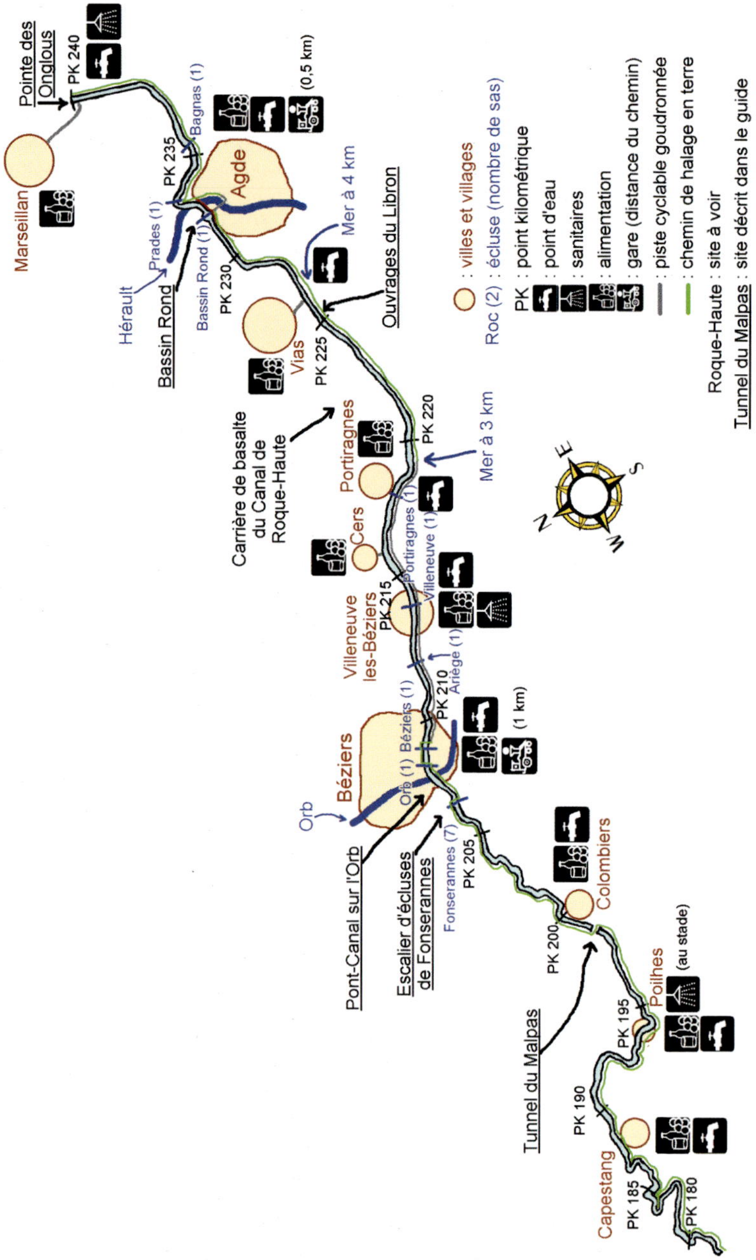
Pointe des Onglous
PK 240
Marseillan
Bagnas (1)
(0,5 km)
PK 235
Agde
Prades (1)
Hérault
Bassin Rond
Bassin Rond (1)
Mer à 4 km
PK 230
Ouvrages du Libron
Vias
PK 225
Carrière de basalte du Canal de Roque-Haute
Portiragnes
PK 220
Mer à 3 km
Cers
Portiragnes (1)
Villeneuve (1)
Villeneuve les-Béziers
PK 215
Ariège (1)
PK 210
Béziers
Béziers (1)
Orb (1)
Orb
(1 km)
Pont-Canal sur l'Orb
Escalier d'écluses de Fonseranes
Fonserannes (7)
PK 205
Colombiers
PK 200
Tunnel du Malpas
Poilhes
(au stade)
PK 195
PK 190
Capestang
PK 185
PK 180
N
E
S
W
: villes et villages
Roc (2) : écluse (nombre de sas)
PK : point kilométrique
: point d'eau
: sanitaires
: alimentation
: gare (distance du chemin)
: piste cyclable goudronnée
: chemin de halage en terre
Roque-Haute : site à voir
Tunnel du Malpas : site décrit dans le guide

canal a été amenée sur la rive droite. Un coin d'eau est poussé ou retenu par deux motrices montées sur des pneus. C'est dans ce coin d'eau que prend place la péniche. Le temps de parcours de 6 minutes est beaucoup plus court que le franchissement des 7 écluses voisines. Ce système a été mis en place pour diminuer les temps d'attente à Fonsérannes où l'on ne franchit les 7 écluses que dans un sens ou dans l'autre selon la demi-journée. La volonté de rentabiliser la Canal a conduit à la construction de cet ouvrage. Malheureusement, celui-ci n'a jamais fonctionné correctement et est aujourd'hui abandonné à cause de problèmes de sécurité. La grande fréquentation du site par les coches de plaisance au cours de la belle saison a amené les VNF à envisager sa remise en fonction. En effet, 10 000 bateaux franchissent tous les ans cet ouvrage ce qui n'est pas sans provoquer quelques embouteillages l'été. Aux mois de juillet et août, les écluses de Fonsérannes voient passer entre 55 et 60 bateaux par jour.

Le pont-canal sur l'Orb

En arrivant au pied de la cathédrale Saint-Nazaire de Béziers, le Canal est confronté a un autre problème de taille : le franchissement de l'Orb. Ce petit fleuve a un débit irrégulier qui pose des problèmes différents selon les saisons (crues ou sécheresse). De 1681 à 1857, le tracé du canal passait par le cours d'eau du fleuve. Des épanchoirs maintenaient le niveau d'eau nécessaire à la navigation à l'intérieur d'un chenal créé par des rangées de pilots. La continuité du niveau du Canal était assurée par un système d'écluses et le barrage de retenue, réalisé en aval pour maintenir un niveau suffisant en saison de basses eaux. Inversement, la traversée était dangereuse en période de crue. Le Canal reprenait un cours indépendant au Pont Rouge où une écluse empêchait les eaux de l'envahir. En 1854, devant les problèmes que posait ce passage, décision fut prise de construire un pont-canal enjambant l'Orb. Le Canal fut détourné de son cours initial au niveau de la septième écluse de l'escalier de Fonsérannes. La construction commença en 1857. Le port Notre-Dame, situé en aval n'est donc plus sur le trajet du Canal. Son activité est maintenue jusqu'au début du XXe siècle. Un nouveau port est construit après le pont-canal. C'est le Port Neuf. Une écluse très profonde est placée après le pont pour rattraper le niveau initial. Il va peu à peu drainer tout le trafic faisant du port Notre-Dame un bras mort.

Les caractéristiques de l'ouvrage : 12 mètres de hauteur, 28 mètres de large et 240 mètres de long. Deux chemins de halage ont été aménagés sur les bords. La difficulté technique que représentait la réalisation d'un tel ouvrage a régulièrement retardé sa construction. Il fut mis en service en 1858.

Les ouvrages du Libron à Vias

Ce passage mobile, dit du Libron, permet l'écoulement des eaux du cours d'eau du même nom. L'histoire nous apprend que le ruisseau du Libron connaît des crues dévastatrices. De plus, ses eaux très chargées de limon auraient ensablé le Canal. Au départ, un système constitué de deux radeaux de dimensions égales à la largeur du canal permettait en cas de crue de laisser écouler librement les eaux. Mais ce système qui fermait le bief s'est révélé peu pratique à manœuvrer, particulièrement de nuit. Il arrivait fréquemment que le Libron se déverse directement dans le Canal avec des conséquences d'ensablement. Étant donné la faible différence d'altitude, il était impossible de construire un aqueduc. En 1858, on a décidé la construction de l'ouvrage actuel. Ouvrage d'école unique par ses techniques de construction et ses caractéristiques hydrauliques, c'est un pont-bâche mobile qui franchit le canal en partie supérieure. De plus, il peut

4

Les ouvrages du Libron

être considéré comme une écluse, puisqu'il est équipé de deux axes mobiles symétriquement disposés. Sa machinerie constituée de structures métalliques en portiques est impressionnante. Elle permet, une fois les deux parties des quatre caissons accolés, de laisser s'écouler les eaux du Libron vers la mer toute proche. La séparation du Libron en deux branches a permis de maintenir la circulation des péniches en période de crue en fermant un côté pour permettre leur passage de celle-ci dans le bief, puis en rétablissant un côté pour fermer l'autre et libérer ainsi les péniches qui peuvent continuer leur chemin.

Le Bassin Rond d'Agde

Le Bassin Rond ou écluse ronde d'Agde a été particulièrement bien pensé. C'est la seule écluse ronde sur le Canal du Midi mais aussi au monde. Elle a été construite en 1679-1680. Elle régule la desserte de 3 voies d'eau. Outre son rôle d'écluse (escalier), elle fait fonction de rond-point. Le Canal arrive de l'ouest, en provenance de Vias (ouvrages du Libron). Elle permet aussi de contrôler l'afflux d'eau en provenance du fleuve Hérault. Un canalet au sud permet d'accéder au port d'Agde et à la mer Méditerranée en empruntant le cours de l'Hérault à l'aval de la chaussée. Un bras relie le canal à la partie du fleuve située à l'amont de la chaussée. Les péniches pénètrent dans l'Hérault par la rive droite, remontent le cours de l'Hérault et on retrouve le tracé du Canal sur la rive gauche où l'écluse de la Prades a pour unique rôle d'empêcher les crues du fleuve d'envahir le Canal. Le Bassin Rond d'Agde a été agrandi récemment pour permettre la manœuvre des grandes péniches. Mais cette transformation en béton, nécessaire techniquement pour le passage des grosses péniches de transport de marchandises, a été faite trop tardivement et a dénaturé l'ouvrage construit initialement en pierres basaltiques extraites, comme la plupart de celles utilisées sur les ouvrages de la région, de la carrière de Roque-Haute où nous sommes déjà passés.

4

La pointe des Onglous à Marseillan

La pointe des Onglous, sur la commune de Marseillan, à l'extrême ouest de l'étang de Thau marque la fin de notre périple. Les eaux du Canal du Midi se mêlent à celles de l'étang célèbre pour ses huîtres (Bouzigues). Le site abrite un port pour les péniches, le port des Onglous. La traversée de l'étang s'effectue dans l'axe longitudinal en suivant un chenal balisé d'une vingtaine de kilomètres de longueur jusqu'à Sète. Sa traversée est déconseillée de nuit et par vent de nord-ouest (la Tramontane) car elle peut s'avérer dangereuse. L'étang est bordé de parcs à huîtres. Sète est la dernière escale du Canal. L'histoire de la ville de Sète est assez récente puisque ce n'est qu'en 1665 que furent commencés les travaux de création d'un port de guerre par Colbert. Un canal de liaison de l'étang de Thau à la mer, toujours en service aujourd'hui, a été creusé. C'est Paul Riquet qui obtint l'adjudication des travaux de creusement du canal et de la rade. Sète prit son essor économique à partir de là. C'est donc ici que se termine la longue course du Canal du Midi. La traversée de l'étang de Thau peut être assez agitée par vent fort. Il est d'ailleurs déconseillé aux plaisanciers de s'y aventurer si la vitesse de la tramontane, du Mistral ou du "Grec" dépasse 30 km (force 4). Le clapot devient alors trop fort pour les bateaux qui ne sont pas conçus pour ce type de navigation et le moteur sera insuffisant pour compenser le vent.

Les Onglous, la fin du voyage

4

À voir et à faire autour du Canal

À voir

Entre Capestang et Béziers

— Monsieur Tastavy, propriétaire du domaine de Guéry, sera enchanté de vous faire visiter ses caves et son vignoble cultivé depuis l'antiquité ; il se fera un plaisir de vous faire goûter sa production de vin de qualité.

— À quelques centaines de mètres du tunnel du Malpas (PK 199), le célèbre Oppidum d'Ensérunes sera l'occasion pour les amateurs d'archéologie d'assouvir leur passion. En haut de la colline, avant d'arriver au musée de l'Oppidum, sur la droite, une aire de pique-nique dispose d'un superbe point de vue sur l'étang de Montady asséché, à la forme caractéristique en soleil. L'occasion d'une belle photo.

— « La maison du Malpas » située à quelques dizaines de mètres de la route qui enjambe le tunnel permet une pause bien agréable toute l'année. Des toilettes et un point d'eau sont accessibles à toute heure. À l'intérieur, aux heures d'ouverture, M. Durupt et son équipe accueillent chaleureusement ses visiteurs et insiste pour qu'il soit précisé ici que les cyclistes du canal sont toujours les bienvenus. Une halte désaltérante au bar mais aussi culturelle avec la maquette du site du Malpas et ses quatre voies qui se superposent. De nombreuses animations sont proposées tout au long de l'année.

Béziers

Béziers est une ville à l'histoire marquée par la croisade contre les Cathares et plus tard les révoltes des viticulteurs. L'office de tourisme organise en saison des visites guidées de la ville sur le thème de l'histoire du massacre des Cathares au XIIIe siècle, le Gran Mazel. Le célèbre site de Fonsérannes vous donnera une belle vue sur la ville.

Entre Béziers et Agde

— Avant d'arriver à Portiragnes, au PK 217, les plus jeunes apprécieront certainement un moment de détente à la pisciculture de Caylus, où ils auront la possibilité de pêcher le repas dans un lieu ombragé et frais (04 67 39 32 48).

— Après Portiragnes, la piste cyclable goudronnée quitte les bords du Canal pour rejoindre la mer Méditerranée à 4 km de là. Pourquoi ne pas prendre le temps d'une baignade et d'un moment de farniente sur une belle plage qui a su garder son caractère naturel loin de l'urbanisme anarchique.

— Vous trouverez aussi, en bordure de Canal, à l'endroit où la piste cyclable est remplacée par un chemin de terre, deux ranchs proposant des promenades dans les étangs de la Riviérette qui sont restés sauvages. Tôt le matin ou en fin d'après-midi, vous observerez toutes sortes d'oiseaux qui vivent paisiblement dans cette zone protégée.

— Après les ouvrages du Libron, la route qui va de Vias à Vias-plage passe pardessus le Canal au PK 226. Il est alors possible d'emprunter une piste cyclable qui vous amènera au bord de mer et à la plage 4 km plus loin.

— « Le domaine de Saint-Pierre » à Vias-plage propose des visites guidées du domaine et de la cave avec de nombreuses indications sur la vinification du vin. Prendre la direction de Vias-plage après les ouvrages du Libron. En entrant dans la station balnéaire, après le camping "Les Salisses", à droite, suivre le fléchage. Le domaine est à proximité immédiate, à environ 2 km du canal. Tél. 04 67 21 64 21, fax 04 67 21 51 97. www.domainedesaintpierre.com

Agde

Cet ancien comptoir grec a gardé de nombreuses traces de son glorieux passé que vous prendrez peut-être le temps de découvrir. C'est aujourd'hui une station balnéaire phare dans la région avec le Cap d'Agde, ses plages et ses nombreux équipements de loisirs.

Entre Agde et Marseillan

La réserve naturelle du Bagnas au PK 237 est le royaume des oiseaux migrateurs ou nicheurs (canards, passereaux, hérons). Petits et grands pourront découvrir cette richesse dans les meilleures conditions avec la société de protection de la Nature d'Agde qui vous propose des animations (04 67 01 60 23).

À faire

Béziers

— Feria du 15 août avec des spectacles tauromachiques et une ambiance de fête dans les rues de la ville pendant 5 jours.

Le pont-canal sur l'Orb à Béziers

Les hébergements

Capestang
Gîtes ruraux, chambres d'hôtes
Green Annette
7 rue Adolphe Saisset
04 67 93 46 83

Colombiers
Hôtel restaurant
La Grillade
RN113
04 67 37 26 01

Béziers
Hôtel
des Poètes
80 allée Paul Riquet
04 67 76 38 66

Béziers
Hôtel
Le Castelet
Route Narbonne
04 67 28 82 60

Villeneuve-les-Béziers
Hôtel
Le Commerce
28 bd République
04 67 39 48 45

Villeneuve-les-Béziers
Hôtel (ZAE Béziers)
Clim'Oc
La Montagnette
04 67 39 40 00

Villeneuve-les-Béziers
Camping
Les berges du Canal
Quai du Canal
04 67 39 36 09

Vias
Hôtel Le Mucrina
Toute l'année
Rue Gal de Goys
04 67 21 78 25

Agde
Hôtel
Auberge La Grange
29 bis quai Cdt Réveille
04 67 94 80 07

Agde
Hôtel
Bon Repos
15 rue Rabelais
04 67 94 16 26

Agde
Hôtel
du Patriarche
32 rue Montée de Joly
04 67 94 49 80

Capestang
Hôtels
Le Relais Bleu
19 cours Belfort
04 67 93 31 26

Colombiers
Gîtes ruraux, chambres d'hôtes
Benazet Yvonne
Av. de Nissan
04 67 37 08 49

Béziers
Hôtel
Le Revelois
60 av. Gambetta
04 67 49 20 78

Béziers
Hôtel
des Nations
Route Narbonne
04 67 36 53 19

Villeneuve-les-Béziers
Hôtel
Las Cigalas
28 bd Gambetta
04 67 39 45 28

Villeneuve-les-Béziers
Hôtel Grill (ZAE Béziers)
Campanile
Parc Actipolis av. Viguier
04 67 35 94 94

Portiragnes-plage
Hôtel
Le Mirador
4 bd Front de Mer
04 67 90 91 33

Vias
Hôtel
Le Gambetta
36 bd Gambetta
04 67 21 60 93

Agde
*Hôtel***
Araur
7 quai Cdt Réveille
04 67 94 97 77

Agde
Hôtel
des Arcades
16 rue Louis Bages
04 67 94 21 64

Agde
*Hôtel***
La Galiote
place Jean Jaurès
04 67 94 45 58

Capestang
Camping
municipal
Av. de la République
04 67 49 85 95

Colombiers
Camping
Les peupliers
Chemin de la Roussille
04 67 37 05 26

Béziers
Hôtel
Terminus
78 av. Gambetta
04 67 49 23 64

Villeneuve-les-Béziers
Gîte rural / Chambre d'hôte
Les Anges Gardiens
7 Rue de la Fontaine
04 67 39 87 15

Villeneuve-les-Béziers
Hôtel (ZAE Béziers)
Etap Hôtel
Av. Viguier
04 67 62 55 14

Villeneuve-les-Béziers
Hôtel (ZAE Béziers)
1re Classe
Parc Actipolis av. Viguier
04 67 35 90 10

Portiragnes
Camping
Les Mimosas
Port Cassafières
04 67 90 92 92

Vias
Hôtel
Myriam
Farinette
04 67 21 64 59

Agde
Hôtel Bar Restaurant
Terminus
15 av. Victor Hugo
04 67 94 22 31

Agde
*Hôtel***
du Donjon
Place Jean Jaurès
04 67 94 12 32

Agde
Hôtel
Les 2 Frères
13 av. Victor Hugo
04 67 94 29 56

Agde
Camping
Les Cadières
Route Marseillan
04 67 94 09 20

Agde
Camping
Cap Agathois
Route Sète
04 67 94 02 21

Marseillan-plage
*Hôtel***
Les Dunes
4 chemin Pêcheurs
04 67 21 91 50

Marseillan-plage
Hôtel
du Château du Port
9 quai Résistance
04 67 77 65 65

Agde
Camping
Agde Camping
Domaine Sept Fonts
04 67 94 14 62

Marseillan
Hôtel
du Château du Port
9 quai Résistance
04 67 77 65 65

Marseillan-plage
Hôtel
La Chaumière
Route Sète
04 67 21 90 67

Marseillan
Camping
Rogi Michel
04 67 77 39 29

Agde
Camping
Sud Loisirs
Chemin Parguet
04 67 21 36 78

Marseillan-plage
*Hôtel****
Le Richmont
Allée André Filliol
04 67 21 97 79

Marseillan-plage
Hôtel
L'Escale
21 av. Gare
04 67 01 65 58

Marseillan
Camping
Anglade-Salvaire Camping
Domaine Grenatière
04 67 77 02 73

*Et 20 campings à **Marseillan-plage** (voir office de tourisme)*

— Promenade de 2 heures en péniche tirée à l'ancienne par des chevaux avec les Bateaux du soleil (04 67 94 08 79) entre Béziers et le Tunnel du Malpas.

Les marchés

Marseillan le mardi, Agde le jeudi, Villeneuve-les-Béziers le mardi et le jeudi, Béziers le vendredi, Vias le mercredi et le samedi...

Où faire une pause ?

— Près du tunnel du Malpas, en haut de la colline d'Ensérunes, avant d'arriver au musée de l'Oppidum, sur la droite (PK 199).
— Site de Fonsérannes (PK 206).
— Ouvrages du Libron à Vias (PK 225).
— À Vias, Hôtel Mucrina, Jacqueline et William Hebert vous accueillent toute l'année, demi-pension le soir, piscine ouverte d'avril à octobre. L'anglais, l'allemand, le hollandais et l'espagnol sont parlés par les propriétaires.
— Guinguette située à proximité de l'endroit où le Canal quitte le cours de l'Hérault (PK233).

Où prendre une belle photo ?

— Étang de Montady depuis l'Oppidum d'Ensérunes (PK 199).
— Escalier d'écluses de Fonsérannes (PK 206).
— Pont des trois yeux entre Agde et Vias (PK 230).
— Pointe des Onglous à Marseillan (PK 240).

4

4.6 LA ROBINE DE NARBONNE

Une succession de deux canaux pour un total de 37 km permet aujourd'hui de rejoindre le mer Méditerranée à Port-la-Nouvelle depuis le Canal du Midi au niveau des ouvrages sur la Cesse, près du Somail.

L'ouvrage et les sites à ne pas manquer

La Robine de Narbonne est un ancien lit de l'Aude que celle-ci a abandonné depuis l'antiquité. Dès 1686, des travaux furent entrepris pour relier Narbonne au Canal afin de pouvoir bénéficier de l'engouement commercial que celui-ci a suscité. Le lit de la Robine fut donc modifié et 3 écluses construites jusqu'à l'Aude. Mais il manquait encore un tronçon pour aller de l'Aude au Canal du Midi, porte ouverte vers le reste de l'Europe. Pendant un siècle, les marchandises furent transportées par voie de terre entre Sallèles-d'Aude et le Somail. En 1776, on creusa enfin le Canal de Jonction qui relia le Canal du Midi à l'Aude. Ce canal de jonction a un tracé très rectiligne. Il est bordé de pins parasol ce qui lui confère une certaine originalité et une esthétique particulière. Depuis quelques années, le passage des 6 écluses qui séparent le Canal du Midi de l'écluse de Gailhousty a été automatisé. Il suffit d'entrer un code et de suivre les informations des feux de couleur pour franchir ces écluses séparées les unes des autres de quelques centaines de mètres. Après Sallèles-d'Aude, village fortement éprouvé comme tous ceux de la région par les crues dévastatrices de novembre 1999, on rencontre l'épanchoir de Gailhousty, un ouvrage aussi esthétique qu'intéressant : il est composé d'un épanchoir et d'une écluse double qui permet de rejoindre le cours de l'Aude. Ce dispositif consiste à assécher l'étang de Capestang pour les cultures en le colmatant par le limon des eaux des crues de l'Aude. Sa construction date de 1780. La traversée de l'Aude ensuite n'est pas très

L'écluse et l'épanchoir de Gailhousty

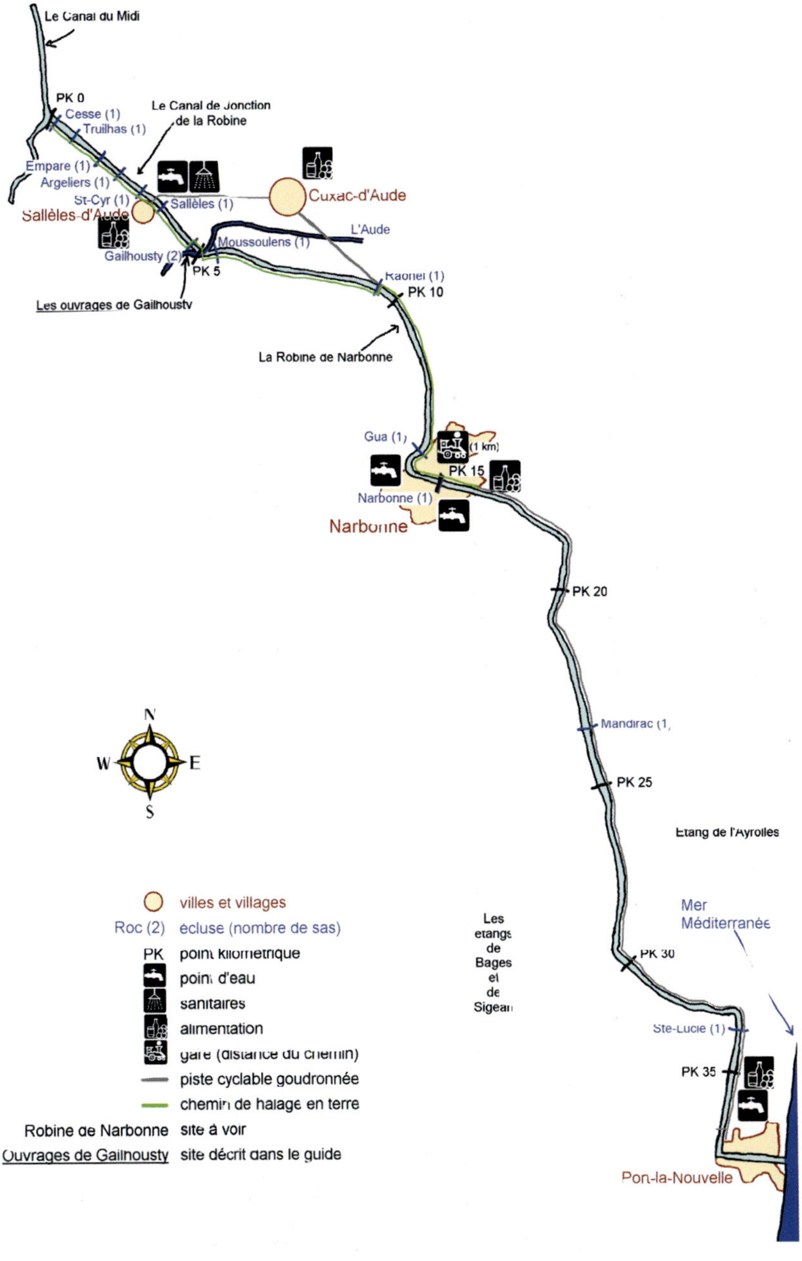

Le Canal du Midi
PK 0
Cesse (1)
Truilhas (1)
Le Canal de Jonction de la Robine
Empare (1)
Argeliers (1)
St-Cyr (1)
Sallèles (1)
Sallèles-d'Aude
Cuxac-d'Aude
L'Aude
Moussoulens (1)
Gailhousty (2)
PK 5
Les ouvrages de Gailhousty
Raonel (1)
PK 10
La Robine de Narbonne
Gua (1)
(1 km)
PK 15
Narbonne (1)
Narbonne
PK 20
Mandirac (1)
PK 25
Etang de l'Ayrolles
Les etangs de Bages et de Sigean
Mer Méditerranée
PK 30
Ste-Lucie (1)
PK 35
Port-la-Nouvelle
N
W
E
S
villes et villages
Roc (2) écluse (nombre de sas)
PK point kilométrique
point d'eau
sanitaires
alimentation
gare (distance du chemin)
piste cyclable goudronnée
chemin de halage en terre
Robine de Narbonne site à voir
Ouvrages de Gailhousty site décrit dans le guide

4

Ici, prendre à gauche

périlleuse, mais un câble est mis à disposition des plaisanciers. Un banc de gravier variable se forme à ce niveau et peut réduire le chenal de navigation.

La Robine de Narbonne mène ensuite à la capitale régionale de l'antiquité, riche en monuments. Vous pourrez notamment remarquer le superbe pont des Marchands avant de continuer votre périple jusqu'à la Méditerranée où les eaux se jettent dans la mer au niveau de Port-la-Nouvelle.

Conseil pratiques

La découverte de ce Canal à vélo est assez intéressante. Vous longerez le Canal de Jonction sur la **rive droite** pendant 5 km jusqu'aux ouvrages de Gailhousty. Il faut ensuite passer derrière les ouvrages par le pont, prendre à gauche au niveau de l'arbre que vous pouvez voir sur la photo ci-dessus pour monter sur le pont SNCF. C'est le seul passage dans le secteur qui permette de traverser l'Aude sans avoir à faire un long détour par Cuxac-d'Aude. Cette ligne SNCF est peu fréquentée par un train touristique qui circule assez lentement ainsi que par de rares trains transportant la farine de l'usine située en face du port la Robine près de Mirepeisset. Il faudra tout de même être particulièrement prudent pour cette traversée en bord de ligne, que vous effectuerez à vos risques. Il est déconseillé de s'y aventurer en vélo avec des enfants. En cas de doute, revenez à Sallèles-d'Aude, franchissez le Canal pour passer rive gauche et prenez la route – fréquentée – de Cuxac-d'Aude. Arrivé à Cuxac (environ 3 km), prenez la route de Narbonne qui retrouve le Canal de la Robine au niveau de l'écluse de Raonel.

Si vous passez par le pont SNCF, vous rejoindrez ensuite le Canal de la Robine sur la **rive droite** jusqu'à Narbonne (PK 15) en terminant par une piste cyclable goudronnée assez agréable. Traversez la ville par la rive droite. À la sortie de Narbonne a été aménagée une superbe piste cyclable peu ombragée (attention aux grandes chaleurs en été) de 22 km supplémentaires jusqu'à Port-la-Nouvelle au milieu des étangs de Bages et de Sigean.

Le Pont SNCF sur l'Aude

Ce sont donc au total depuis le Canal du Midi 37 km supplémentaires que vous n'hésiterez pas à effectuer si vous en avez le temps (randonnée sur sept ou huit jours) à moins que vous ne décidiez, après avoir parcouru les berges du Canal Royal, de revenir ici pour une journée supplémentaire. Car même si ces canaux et ouvrages n'ont pas la majesté du Canal du Midi, ils ont leur charme et ne sont pas dépourvus d'intérêt.

À voir et à faire autour du Canal

À voir

Narbonne

Ville d'origine de Charles Trénet, Narbonne a été, pendant l'Antiquité, la capitale régionale (la Narbonnaise). Des berges du Canal de la Robine, vous accéderez facilement aux divers ouvrages remarquables du centre ville. La cathédrale Saint-Just qui date du XIIIe siècle vous présentera ses voûtes de 41 m de haut. Le palais des archevêques ne manque pas d'intérêt. Depuis son donjon, vous aurez une belle vue sur la ville. Le pont des Marchands est un pont construit c'est-à-dire traversé par une rue commerçante. Vous pourrez envisager un petit circuit pour découvrir ces trois monuments situés dans le même secteur peu après l'écluse de Narbonne (PK 15).

Sallèles-d'Aude

Amphoralis est le musée des potiers gallo-romains. C'est sur le site où les amphores étaient produites du Ier au IVe siècle que vous découvrirez une dizaine de fours, des bassins de décantation, des ateliers munis de tours tels qu'ils existaient. Un four a même été reconstitué et mis en marche (04 68 46 89 48).

4

Port-La-Nouvelle

C'est le 7e port de France qui sert de base de redistribution du carburant dans tout le sud-ouest de la France. Quelques kilomètres avant l'arrivée, au PK 30, l'Île Sainte-Lucie est un site protégé où vous trouverez le calme en plein cœur des étangs. La maison des étangs présente du matériel de pêche traditionnel et vous renseignera sur la faune et la flore de cette zone humide qui est restée sauvage. Dans les étangs, vous ne pourrez manquer le champ d'éoliennes qui a été implanté récemment.

Sigean

La réserve africaine de Sigean propose un spectacle rare. Les rives de l'étang de Sigean ont été aménagées pour recréer un paysage proche du milieu naturel des espèces. Vous pourrez y observer lions, éléphants, antilopes, autruches, girafes, rhinocéros... en semi- liberté. Depuis Port-la-Nouvelle, prendre la D96 en direction de Sigean sur 8 km puis continuer sur 6 km vers le nord en direction de Narbonne. Attention à la circulation sur cet axe routier (04 68 48 20 20).

À faire

Narbonne

Le petit train des Lagunes conduira sans effort de Narbonne à Port-la-Nouvelle et retour ceux qui seraient fatigués. Mais il serait dommage de ne pas profiter de la belle piste qui vous conduira sur ces 20 km à travers les étangs (04 68 48 16 56).

Il est aussi possible d'effectuer ce même parcours en bateau depuis le pont des Marchands (04 68 90 63 98).

Port-la-Nouvelle

Baignade et activités nautiques sur une plage de 13 km de sable fin.

Les marchés

Narbonne, le mardi et le vendredi, Sallèles-d'Aude, le mardi et le vendredi, marché des potiers à la mi-août, Port-la-Nouvelle le mercredi et le samedi

Où faire une pause ?

— Écluse de Gailhousty (PK 5).
— Narbonne (PK 15).
— Île Sainte-Lucie (PK 30).

Où prendre une belle photo ?

— Canal de Jonction de la Robine (entre le PK 0 et le PK 5).
— Ouvrages de Gailhousty (PK 5).
— Étangs de Bages et de Sigean (entre le PK 20 et le PK 30).

Les hébergements

Sallèles-d'Aude
Hôtel
Domaine du Somail
La Plaine de Truilhas 115
04 68 46 28 49

Sallèles-d'Aude
Camping
municipal
04 68 46 85 79

Quarante
Gîte rural / Ch. d'hôte
Wolff Helge
24 Grand'Rue
04 67 89 34 72
fax : 04 67 89 30 13

Narbonne
*Hôtel***
de France
6 rue Rossini
04 68 32 09 75

Narbonne
Hôtel
Motel Occitanie
Route Narbonne Plage
04 68 65 47 60

Narbonne
Camping les Floralys
Route de Gruissan
Tél-fax : 04 68 32 65 65
LESFLORALYS@wanadoo.fr

Narbonne
*Camping****
Les Mimosas
Chaussée de Madirac
04 68 49 39 45

Narbonne
*Camping****
Port des Galères
Anse des Galères
04 68 90 48 19

Narbonne
*Camping***
Roches grises
Route de Perpignan
04 68 41 75 41

Port-la-Nouvelle
*Hôtel****
Méditerranée
Bd St Charles
04 68 48 03 08

Port-la-Nouvelle
Hôtel
Le Miramer
30 allée Capucines
04 68 48 02 06

Port-la-Nouvelle
Hôtel
Le Nova Vela
210 bd St Charles
04 68 48 02 44

Port-la-Nouvelle
Hôtel
du Port
6 quai Port
04 68 48 65 59

Port-la-Nouvelle
Hôtel
La Rascasse
188 av. Mer
04 68 48 02 89

Port-la-Nouvelle
Hôtel
Le Casimir
2 rue Barbès
04 68 48 33 88

Port-la-Nouvelle
Camping
Municipal du Golfe
Bd F. Vals
04 68 48 08 42

Port-la-Nouvelle
Camping
Côte Vermeille
Chemin des vignes
04 68 48 05 80

Port-la-Nouvelle
Camping
Cap du Roc
Route de La Palme
04 68 48 00 98

Le Canal de Jonction de la Robine

L'écluse de l'Océan où il faudra changer de côté

5. SÉCURITÉ

5.1 LES CHANGEMENTS DE RIVES

Le bon côté des choses : le chemin de halage n'est pas toujours sur la même berge du Canal. Il y a quelques changements de côté à respecter. Si certains sont évidents sur le terrain, d'autres le sont moins et les indications ci-dessous vous éviteront de revenir sur vos pas. Pour faciliter la description, imaginons que nous partons de Toulouse pour nous rendre à Marseillan. Nous convenons donc d'une rive gauche au Nord et d'une rive droite au Sud en suivant ce trajet. Vous trouverez ici toutes indications de changement de rive. (PK = Point Kilométrique). Tous les changements de rive sont indiqués sur la carte.

PK 0 Départ de Toulouse "Ponts Jumeaux" **rive droite**.

PK 4 On retrouve la piste cyclable goudronnée 4 km plus loin à l'écluse Bayard au niveau de la gare Matabiau.

PK 5 passage **rive gauche** au niveau du Port Saint-Étienne.

Piste cyclable rive gauche jusqu'au PK 49 (Avignonet-Lauragais).

Chemin de terre toujours rive gauche jusqu'à l'écluse de l'Océan (PK 52)

Chemin de terre **rive droite** jusqu'à Castelnaudary (PK 65). Traversée **rive gauche** aux 4 écluses Saint Roch.

Chemin rive gauche jusqu'à Carcassonne (PK 105). Traversée au niveau de l'écluse, au centre de Carcassonne, près de la gare SNCF.

Chemin **rive droite** jusqu'à Marseillette (PK 126).

Chemin **rive gauche** jusqu'à Puichéric PK 143 (traversée aux écluses de l'Aiguille).

Chemin **rive droite** jusqu'à Argens-Minervois (PK 151). Entre Argens et Paraza, vous serez obligé d'emprunter deux portions de la route départementale tracée en lieu et place du chemin de halage pour un total de 1,4 km... Prudence !

Au PK 169, le chemin reste rive droite et traverse par un pont le Canal de Jonction de la Robine. Bien continuer à suivre le Canal tout droit et ne pas prendre le canal de droite vers Sallèles-d'Aude.

Vers le PK 177, après le Pont de Pigasse, le chemin est dégradé (passages à pied).

Le chemin de halage reste rive droite jusqu'au PK 199 : le tunnel de Malpas. Passer au-dessus du tunnel et retrouver le **chemin de halage à gauche**.

Au PK 206, arrivée aux écluses de Fonsérannes. Passer rive droite sur le pont au milieu de l'échelle d'écluses, monter à droite sur la passerelle qui enjambe la pente d'eau et rejoindre le pont-canal sur l'Orb Rive droite (PK 208). On retrouve au PK 209 une piste cyclable sur la rive droite jusqu'à Portiragnes (PK 222).

Chemin de halage rive droite jusqu'au PK 231 à Agde, près de la gare. Le chemin quitte le bord du canal pour la traversée de l'Hérault. Prendre en ville la direction de Marseillan. On retrouve le Canal au PK 233 rive droite. Le chemin reste rive droite jusqu'à l'étang de Thau. Néanmoins, le secteur qui longe les

5

étangs du Bagnas du PK 235 au PK 238 est assez abîmé. Le phare de la pointe des Onglous marque la fin du Canal dans l'étang au PK 240.

Pour le Canal de la Robine, voir les conseils pratiques à la page qui lui est consacrée.

5.2 L'ÉTAT DES CHEMINS

Les 240 km de chemin le long du Canal du Midi sont praticables en vélo, la plupart du temps en sécurité. Rares seront les occasions où vous aurez à descendre de votre bicyclette pour franchir un passage difficile. Je n'ai repéré que 3 endroits où il est fortement conseillé de franchir le court passage à pied :
— avant Carcassonne, vers Villesèquelande,
— après le Pont de Pigasse entre Argeliers et Capestang,
— entre l'écluse du Bagnas et les Onglous, entre Agde et Marseillan.

Le péril n'est pas bien grand… et dans le pire des cas, si vous tombez à l'eau, le niveau en bord de rive est très faible (moins de 1 m).

En ce qui concerne l'état des chemins vous serez confronté aux situations suivantes, entre Toulouse et Marseillan :
— Toulouse - Avignonet-Lauragais : 50 km de piste cyclable goudronnée souvent doublée d'un chemin de halage en terre. Le luxe, à vous de choisir. Attention tout de même au départ dans Toulouse où les boulevards ont parfois recouvert complètement les chemins de halage !
— Avignonet-Lauragais - Carcassonne : chemin de halage en terre parfois large

Le chemin dégradé par endroits

(2 traces) parfois un sentier en état assez irrégulier : des portions sont très roulantes, d'autres sont barrées par de nombreuses racines de platanes. Arrivé à Carcassonne, on doit emprunter les boulevards entre le PK 104 et le PK 105 et retrouver le chemin après l'écluse de Carcassonne.

— Carcassonne - Trèbes : chemin de halage en terre large et très roulant au départ (jusqu'aux ouvrages du Fresquel) très correct ensuite.
— Trèbes - Le Somail : chemin de terre en état satisfaisant mais assez irrégulier. Attention, entre Roubia et Paraza, la route départementale a pris le tracé du chemin de halage et il faut rouler la suivre sur 1,4 km. Prudence...
— Du Somail à Béziers, le chemin est en bon, ou en très bon état. Au tunnel du Malpas, il faut passer au-dessus du tunnel. On ne peut suivre le Canal qu'à pied dans le tunnel.
— De Béziers à Portiragnes-plage : 12,5 km de piste cyclable goudronnée parfois doublée du chemin de halage.
— De Portiragnes-plage à Agde : Chemin de halage de terre large (jusqu'à Vias) se transformant ensuite en sentier.
— Arrivé à l'écluse ronde d'Agde, le chemin quitte le bord du canal pour la traversée de l'Hérault. Il faut prendre en ville la direction de Marseillan. On retrouve le Canal au PK 233.
— Le chemin qui permet de rejoindre l'étang de Thau est très étroit, assez dégradé, parfois complètement effondré, il faut monter sur le bas-côté pour passer.

5.3 LES POINTS DANGEREUX

Les chemins de halage du Canal du Midi ont l'avantage de vous proposer des sentiers où vous pourrez pratiquer le vélo dans des conditions de sécurité optimales puisque ces chemins sont interdits à la circulation des engins motorisés, autres que les véhicules d'entretien des VNF.

Sur certains secteurs, heureusement rares, des travaux ont été réalisés en dépit du bon sens et l'on se trouve forcé d'emprunter des portions ou simplement de croiser des routes ouvertes à la circulation. J'ai essayé de répertorier ici tous ces points dangereux.

Vous noterez, même s'il n'est pas possible de tous les signaler, qu'il faudra être prudent chaque fois que vous serez obligé de croiser une route, au niveau des ponts, lorsqu'il n'y pas de possibilité de passer dessous.

Il faudra aussi relever dans le chapitre précédent, les secteurs délicats à franchir à cause de l'état du chemin.

— À Toulouse, les boulevards ont recouvert le chemin de halage. La piste cyclable rejoint, depuis cette année, la gare Matabiau. Mais il n'y a pas d'accès sécurisé pour se rendre aux Ponts Jumeaux. Prudence.
— À Castelnaudary, on change de rive en passant sur le pont d'une route à grande circulation au niveau des écluses Saint Roch.
— À Carcassonne, il faut quitter les bords du Canal au PK104 et le retrouver après le pont, près de l'écluse au PK 105. Entre temps, il faut prendre le boulevard...
— Dans Trèbes, le passage au niveau du port est en pleine ville.
— Changement de rive par un pont à Marseillette puis aux écluses de l'Aiguille (PK133,5).
— Entre Roubia et Paraza, 1,4 km de route départementale.

5

Un passage dangereux entre Vias et Agde

— À Béziers, après le Port Neuf, une portion de quelques centaines de mètres de route assez fréquentée pour rejoindre la piste cyclable au pont de Sauclières.
— À Port Cassafières, à Portiragnes, on doit emprunter une petite portion de route qui sert d'accès au port et à un camping, assez fréquentée en saison.
— À Agde, on quitte le Canal à l'écluse ronde pour le retrouver route de Marseillan. 1 km de circulation en ville est nécessaire avant de retrouver les bords de l'Hérault au niveau de la sablière.

Pour le Canal de la Robine, voir les conseils pratiques à la page qui lui est consacrée.

5.4 L'ÉQUIPEMENT DE SÉCURITÉ

Tout comme la trousse de secours, il sera nécessaire d'envisager le pire même si c'est heureusement souvent inutile afin se prémunir de tout problème qui pourrait survenir au cycliste. Je considérerai ici que celui-ci est en bonne santé et suffisamment entraîné pour effectuer le kilométrage qu'il envisage de parcourir dans le temps qu'il s'est imparti.

Je me bornerai à faire une liste de produits que l'on emportera comme trousse et dont on disposera facilement.

Comme pour les outils, j'ai fait une liste de produits indispensables et une autre de compléments qui peuvent rendre service selon la durée du parcours. Il est toujours possible de se partager le transport si l'on est plusieurs.

L'indispensable

— quelques pansements de différentes tailles
— une bande pansement à découper
— une paire de petits ciseaux
— des compresses stériles
— des compresses imprégnées d'arnica
— un produit désinfectant
— un pansement compressif
— une bande velpo
— une bande adhésive extensible (élasto)
— du sparadrap
— quelques morceaux de sucre
— des mouchoirs en papier

Le superflu

— un produit anti-moustiques
— crème solaire
— crème après-solaire
— pansements pour les ampoules
— un aspi venin (morsure de serpent)
— un coagulant pour les saignements de nez (coalgan)

Les élèments essentiels de la trousse de secours

Un beau chemin borde souvent le Canal

6. PRATIQUE

6.1 MODELE DE LETTRE AUX VNF

« Les "Voies Navigables de France" est l'organisme d'Etat chargé de gérer le Canal du Midi. À ce titre il contrôle aussi la fréquentation des chemins de halage qui font partie intégrante de l'ouvrage. Ils interdisent la circulation des véhicules à moteur, sauf les véhicules VNF pour raison de service.

La circulation à vélo sur ces chemins est tolérée par les VNF, mais n'est en aucun cas un droit. Si vous avez l'intention de vous déplacer en groupe sur les berges du Canal, il est conseillé de demander l'autorisation. Voici donc un modèle de lettre que vous devez remplir si vous avez l'intention d'emprunter les chemins de halage pour découvrir le Canal. Je n'ai pas entendu dire que cette autorisation ait été un jour refusée, mais, ainsi, vous voyagerez en toute légalité... »

Pour un voyage qui se cantonnerait sur le secteur Marseillan-Marseillette ainsi que sur le Canal de la Robine, adressez votre demande aux VNF de Béziers. Si vous circulez sur le secteur Marseillette-Naurouze, c'est aux bureaux de Carcassonne qu'il faut écrire. La subdivision de Toulouse, quant à elle, gère le secteur Naurouze-Toulouse. Si vous envisagez comme je vous le conseille un parcours qui empiète sur plusieurs secteurs, adressez votre demande à Toulouse qui délivrera l'autorisation pour l'intégralité de votre trajet.

Les coordonnées des diverses subdivisions se trouvent dans les annexes.

M./Mme Nom Prénom
Adresse

à Monsieur l'Ingénieur du Canal
Voies Navigables de France
Subdivision de...

Monsieur l'Ingénieur,

Je projette de découvrir le Canal du Midi en vélo en partant de... pour arriver à... Je souhaiterai commencer mon voyage le... pour arriver le... Je sollicite votre autorisation d'emprunter les chemins de halage qui bordent ledit Canal dont vous assurez la gestion.

Je vous prie de recevoir, Monsieur l'Ingénieur, l'expression de mes salutations les plus cordiales.

6

6.2 MÉTÉO ET PAYSAGES

Le temps que vous aurez pendant la randonnée influencera beaucoup votre organisation. En fonction de la saison au cours de laquelle vous envisagerez le parcours, vous prévoirez un hébergement différent, une tenue vestimentaire adéquate.

On peut partager l'année en 4 périodes au cours desquelles vous rencontrerez des conditions différentes :

— De début novembre à fin février : c'est la période hivernale. Bien qu'il ne fasse pas vraiment froid dans le Midi de la France, les températures peuvent, selon les années, descendre assez bas. La neige est rare, la pluie aussi. C'est aussi une période où l'activité sur le Canal est très réduite. La végétation est assez dépouillée.

— De début mars à mi-mai : le printemps arrive, les touristes ne sont pas encore là. Le canal ouvre à la navigation libre. Le temps peut être variable mais il est rarement froid.

— De mi-mai à mi-septembre : le temps est beaucoup plus sûr même si l'on n'est pas à l'abri d'une averse jamais très longue. Il fait bon, souvent chaud et parfois très chaud de mi-juillet à mi-août. Il faut prévoir de boire beaucoup. Les chemins sont souvent ombragés, mais pas toujours. Attention aux coups de soleil et aux insolations. Évitez de rouler aux heures de grande chaleur (12 h-15 h) et préférez circuler tôt le matin ou tard le soir si vous n'avez pas d'impératif d'hébergement.

— De mi-septembre à fin octobre : l'arrière-saison, souvent très belle et de plus en plus prisée car l'affluence est moindre, les paysages magnifiques (couleurs des feuillages). Quant à la météo, elle peut être très favorable ou plus dégradée, c'est une question de chance. Les températures sont souvent clémentes encore à cette époque.

Le vent : c'est un élément important quand on pratique le vélo, surtout dans une région comme celle-là où il souffle souvent assez fort. On trouve deux vents dominants dans ce couloir, coincé entre les Pyrénées et la Montagne Noire où les eaux du Canal prennent leur source.

— Le vent d'autan, dans le Lauragais, souffle de Carcassonne en direction de Toulouse. Il peut être assez fort et régulier avec des rafales qui "coupent les jambes".

— La Tramontane, dans les Corbières et le Minervois, qui souffle de Carcassonne en direction de la Méditerranée. On sent ses effets jusqu'à Béziers, mais c'est dans l'Aude qu'elle sévit avec le plus de violence.

Entre les deux vents, Carcassonne, où les nuages semblent hésiter, bloqués entre les montagnes et les vents contraires. Cela explique sûrement que cette ville soit le théâtre d'un changement météorologique et donc de paysage radical, entre le Midi méditerranéen viticole et le Lauragais plus tourné vers les cultures céréalières et l'élevage.

Les vignes bordent le Canal en Hérault et Minervois

6.3 LE TRAJET RETOUR

Le tracé suivi par le Canal du Midi empruntant une vallée qui joint le Midi méditerranéen au grand Sud-Ouest est aussi emprunté par d'autres modes de transport. En fait, on trouve ici en parallèle la route Nationale, l'Autoroute A9 de Sète à Narbonne puis l'A7 de Narbonne à Toulouse, et enfin le chemin de fer avec la ligne Montpellier-Bordeaux. Sur certains trains de cette ligne, il est possible d'embarquer son vélo dans un wagon spécial en bagage accompagné c'est-à-dire sans supplément au prix du billet normal. C'est la formule ***train + vélo***.

Vous pouvez ainsi envisager de laisser votre véhicule sur le parking de la gare de votre choix sur le trajet (voir plus loin pour le choix des gares). Vous effectuez ensuite votre périple jusqu'au lieu d'arrivée que vous avez sélectionné où vous embarquez dans un train + vélo qui vous ramène à votre point de départ.

Vous pouvez bien sûr choisir de faire l'inverse c'est-à-dire laisser votre voiture à la gare de votre choix, prendre le train + vélo jusqu'à la destination choisie, effectuer, ensuite, votre randonnée sur le trajet retour à la voiture.

Seule se pose ici la question du stationnement du véhicule en gare pendant plusieurs jours...

Voici la liste des villes qui disposent de gares importantes situées à proximité du Canal du Midi et la distance qui sépare la gare du Canal :

Toulouse : 100 m.
Villefranche-Lauragais : 2 km
Castelnaudary : 500 m
Carcassonne : 100 m
Narbonne : 1 km
Béziers : 1 km
Agde : 500 m

Voici les informations que vous trouverez sur le site Internet de la SNCF concernant les possibilités de transport de vélos dans les trains.

Dans quelles conditions peut-on emporter son vélo dans un train ?

— *Dans tous les trains "grandes lignes" (y compris les TGV)*
En tant que bagage à main, dans les espaces bagages situés à l'extrémité des voitures TGV et sur les plates-formes larges de certaines voitures Corail. Votre vélo démonté doit être rangé dans une housse spécifique. Ce type de housse (dimensions maximum : 120 x 90 cm) est disponible dans les magasins de sport.

— *Dans certains trains grandes lignes (sauf les TGV)*
En tant que bagage accompagné, dans le fourgon ou dans l'espace vélo des trains repérés dans les documents horaires par le pictogramme Vélo, à condition que vous procédiez vous-même au chargement et au déchargement. Dans ce cas, votre vélo n'a pas besoin d'être démonté. Les tandems ne sont acceptés que dans les trains qui comportent un fourgon. Les Trains Grandes Lignes dans lesquels vous pouvez emporter gratuitement votre vélo sont mentionnés dans la rubrique "Liste des destinations".

Des enfants à vélo

— *Dans les trains régionaux*

En Île-de-France, les vélos sont acceptés gratuitement dans les trains et RER C, D et E de la région Île-de-France (y compris dans les trains Grandes Lignes repris dans la rubrique "Liste des destinations" et dans certain TER qui desservent Paris).

Afin de ne pas gêner les autres voyageurs aux heures d'affluence, vous pouvez emprunter des trains avec des vélos :

— tous les jours de la semaine, à l'exception des heures de pointe, de 6 h 30 à 9 heures dans le sens Île-de-France/Paris et de 16 h 30 à 19 heures dans le sens Paris/Île-de-France ;

— les samedis, dimanches et fêtes sans restriction.

Vous pouvez utiliser les lignes RER A et B ainsi que l'ensemble des correspondances entre toutes les lignes du RER (sauf de 6 h 30 à 9 heures et de 16 h 30 à 19 heures les samedis, dimanches et jours fériés sans restriction), mais l'accès et la descente ne sont pas encore possibles dans les stations suivantes :

— sur la ligne A : La Défense-Grande Arche, Charles-de-Gaulle-Étoile, Auber, Châtelet-les-Halles et Nation ;

— sur la ligne B : Châtelet-les-Halles, Saint-Michel-Notre Dame, Luxembourg, Port Royal, Denfert-Rochereau et Cité Universitaire ;

— sur la ligne D : Châtelet-les-Halles.

En région Provence-Alpes-Côte d'Azur, les trains TER de la région de Marseille acceptent les vélos en bagages à main dans la limite des places disponibles :

— du lundi au vendredi sauf entre 7 h et 9 h,

— les samedis, dimanches et fêtes sans restriction.

En région Rhône-Alpes et Alsace tous les TER sont accessibles aux vélos.

En région Midi-Pyrénées la région Midi-Pyrénées édite un guide pour les cyclistes, si vous souhaitez le recevoir vous pouvez écrire à : Patrick LASSEURE SNCF Direction Régionale Voyageurs Toulouse 9 Bd Marengo BP 5209 31079 TOULOUSE CEDEX ou téléphoner au 05 61 10 90 44

Pour les autres régions, tous les trains repérés par un pictogramme Vélo dans les documents horaires, vous permettent de transporter gratuitement votre vélo. Attention : le nombre de places réservées aux vélos dans certains TER est limité à 3 vélos.

Nota : Pour le confort de tous, nous vous conseillons d'emprunter le train avec votre vélo en dehors des heures d'affluence. Si vous vous déplacez en groupe, renseignez-vous à l'avance, de préférence à la gare de départ de votre voyage.

Le transport des vélos dans les trains a été organisé à la demande des associations de cyclotourisme afin de vous rendre le train plus simple et plus pratique. Les vélos étant transportés comme bagages à main, la SNCF ne saurait être tenue responsable des vols ou des dommages éventuels. Vous chargez et déchargez vous même votre vélo sous votre responsabilité.

Pour des raisons de sécurité, il est interdit de déposer son vélo dans le couloir ou sur la plate-forme des trains.

J'ai effectué pour vous une recherche approfondie des différentes possibilités qui se présentent pour le parcours du Canal du Midi, mais je vous indique les horaires ci-dessous sous toute réserve : *en effet les informations que j'ai pu avoir étant assez contradictoires, je vous invite à vous renseigner dans une gare avant de vous lancer...*

Le site Internet de la SNCF indique deux trains grande ligne qui disposent de wagons spécialement destinés à recevoir vos vélos gratuitement. Il s'agit du train n° 4735 sur le trajet Agde-Toulouse et du 4635 sur le trajet Toulouse-Béziers. En voici les horaires à vérifier au 08 36 35 35 35 (2,23 F/min !), par minitel 3615 SNCF ou sur Internet http ://www.sncf.fr.

TOULOUSE-AGDE
Train grande ligne 4635 (ligne Rennes-Marseille)
Toulouse 17 h 12 - Castelnaudary 17 h 39 - Carcassonne 18 h 01 - Narbonne 18 h 31 - Béziers 18 h 48
Ce train ne s'arrêtant pas en gare d'Agde, vous devrez ensuite prendre un TER pour vous rendre à Agde (départ 19 h 11, arrivée 19 h 23)

AGDE-TOULOUSE
Train grande ligne 4735 (ligne Marseille - Rennes)
Agde 8 h 57 - Béziers 9 h 10 - Narbonne 9 h 27 - Carcassonne 10 h 16 - Castelnaudary 10 h 37 - Toulouse 11 h 09

Il existe aussi la possibilité d'emprunter le réseau TER. Il semble que le transport des vélos ne pose pas de problème la plupart du temps dans ces trains, mais les places pour les bicyclettes se comptent sur les doigts d'une main et cela risque de poser problème si vous êtes plusieurs.

De plus, les TER vous imposeront un changement à Narbonne ce qui n'est pas toujours évident avec un vélo et des bagages...

Je vous invite à vous rapprocher d'une gare pour connaître les horaires en fonction du trajet que vous cherchez.

Une plaque signalétique

6.4 LE TOPO DE POCHE

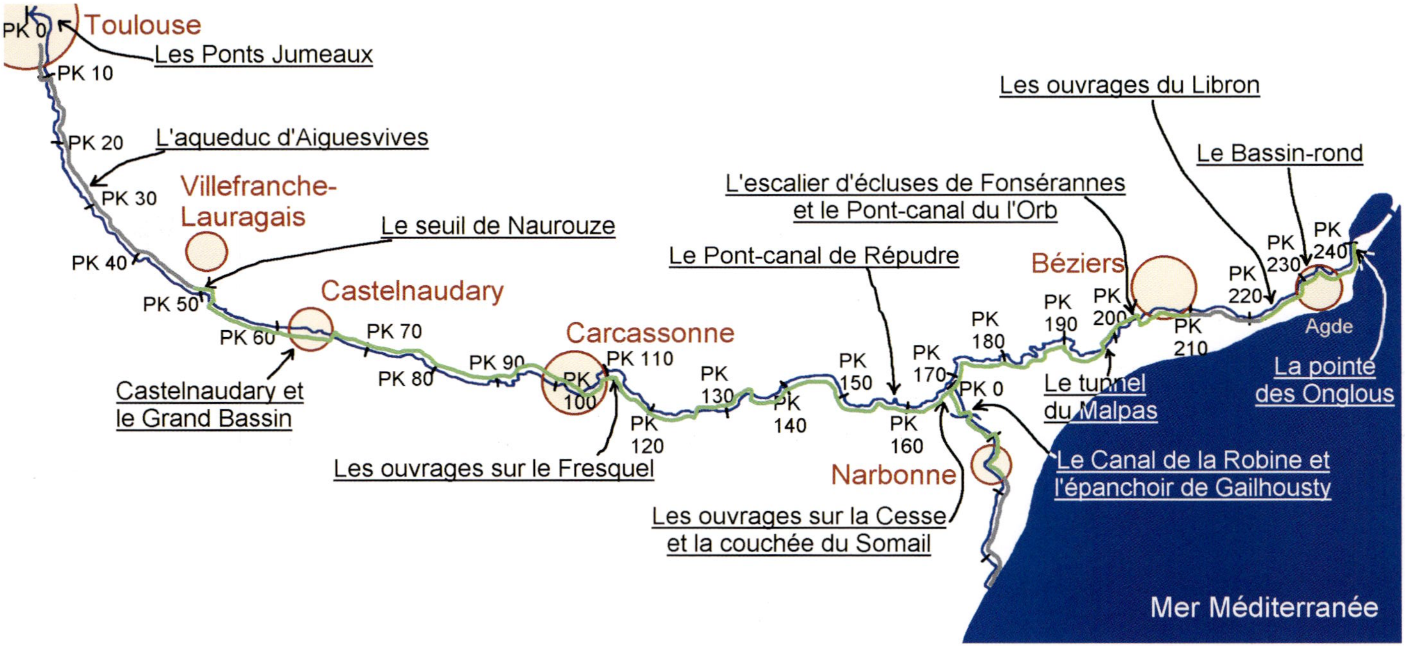

7

7. ANNEXES

7.1 REMERCIEMENTS

C'est à partir d'expériences personnelles que j'ai accumulé les informations et les documents qui m'ont permis de réaliser ce guide. J'ai trouvé beaucoup de renseignements généraux sur le Canal du Midi dans les nombreux ouvrages qui traitent du sujet dont vous trouverez les références dans la bibliographie. Pour ce qui est des renseignements pratiques et de toutes les questions auxquelles on ne trouve pas de réponse dans les livres, c'est en grande partie Monsieur Ménage, ingénieur du Canal aux Voies Navigables de France à la subdivision de Béziers, que je dois remercier pour son aide et sa patience.

Les comités départementaux de tourisme de l'Hérault, de l'Aude et de la Haute Garonne ont bien voulu me faire parvenir tous les documents dont ils disposaient concernant les idées d'activités que j'ai pu exploiter par la suite.

Un grand merci aussi à la société de location de bateaux Crown Blue-Line et en particulier Mme Périllon pour la base de Portiragnes qui m'ont permis d'approfondir ma connaissance du Canal du Midi et donné l'envie d'aller plus loin.

Merci à Madame Solange Calas, ma mère, institutrice en retraite, qui m'a aidé à corriger l'orthographe.

Je suis enfin reconnaissant à la société Édisud qui m'a donné la possibilité de concrétiser ce projet de guide.

La base Crown Blue-Line de Port Cassafières à Portiragnes

7.2 INDEX

Amont : partie d'un cours d'eau comprise entre un point considéré et la source.
Appontement : plate-forme fixe ou mobile permettant au bateau de s'accoster ou de s'amarrer.
Aqueduc : voir pont-canal.
Aspi venin : dispositif permettant d'aspirer le venin d'une piqûre d'insecte ou une morsure de serpent.
Aval : partie d'un cours d'eau comprise entre un point considéré et l'embouchure ou le confluent.
Avalant : se dit d'un bateau qui descend le courant.
Bajoyer : mur latéral de l'écluse, vertical ou incliné, de forme ovoïde sur le Canal du Midi.
Berge : talus bordant le lit d'un canal ou d'une rivière.
Bief : partie navigable entre deux écluses.
Bief de partage : partie du canal située au sommet du relief qu'il franchit.
Bollard : borne en pierre ou en métal d'un quai ou d'un appontement pour l'amarrage.
Canal de jonction : canal joignant deux cours d'eau.
Chemin de halage : chemins de service autrefois utilisés pour le halage par les hommes ou les chevaux.
Chômage : période de fermeture à la circulation d'un canal afin d'y effectuer des travaux d'entretien.
Coche de plaisance : bateau de plaisance de moins de 15 mètres qui peut être en location.
Dérive-chaîne : outil qui permet de réparer une chaîne de vélo cassée.
Déversoir : seuil par lequel s'évacue un trop-plein dans le canal.
Épanchoir : ouvrage d'art par lequel se déversent les eaux d'un canal à volonté.
Halage : action de tracter une péniche.

La pente d'eau de Fonsérannes

7

Un pont en calcaire et briques en Lauragais

Mitaines : gants de vélo destinés à protéger les paumes des mains en cas de chute.
Montant : se dit d'un bateau qui se dirige vers l'amont.
Pente d'eau : machinerie qui permet à une péniche de franchir un dénivelé important.
PK : point kilométrique.
Pont-Canal : aqueduc qui permet à un canal de franchir un cours d'eau.
Pneu slick : pneu de VTT cranté sur les côtés et dont la bande de roulement est lisse.
Rive droite et rive gauche : pour distinguer la rive droite de la gauche, on considère le canal en se plaçant face à l'aval c'est-à-dire généralement dans le sens d'écoulement de l'eau
Sas : partie de l'écluse située entre les portes amont et aval.
Tramontane : vent d'Est violent qui souffle en rafale dans l'Aude.
Vantelle : vanne utilisée pour remplir ou vider le sas de l'écluse.
VNF : Voies Navigables de France, organisme d'état chargé de la gestion des voies d'eau, en particulier le Canal du Midi.
VTC : Vélo Tout Chemin, de construction moins robuste qu'un VTT mais plus polyvalent.
VTT : Vélo Tout Terrain, prévu pour résister aux contraintes dans des conditions difficiles.

7

7.3 BIBLIOGRAPHIE

Voici une sélection d'ouvrages que je connais et que j'ai utilisé pour me documenter afin de réaliser dans un premier temps un site Internet que je vous encourage à aller visiter à http ://www.canalmidi.com.

Les livres

Le Canal du Midi et le Canal Latéral à la Garonne, Alain Félix Louis Destrem Éditions du Chêne.
Le Canal du Midi et Pierre-Paul Riquet, Jacques Morand Édisud.
Le Canal Royal de Languedoc, Conseil d'architecture, d'urbanisme et d'environnement de la Haute-Garonne.
Les écluses du Canal du Midi, Max Prado Lacour.
Le Canal du Midi, Odile Roquette-Buisson et Christian Sarramon, Rivages/TechnalOuvrage.
Mémoire en images : le Canal du Midi de Philippe Calas, Éditions Allan Sutton.

Les guides de navigation

Midi - Camargue - Aquitaine, Guide fluvial n° 7, Éditions du Breil Guide de navigation à destination des plaisanciers donnant le détail des canaux de Bordeaux au Rhône en français, anglais et allemand.
Voies navigables : Canaux du Midi, Claude Vergnot Navicarte n° 11, Guide de navigation à destination des plaisanciers donnant le détail des canaux de Bordeaux au Rhône en français, anglais et allemand.

Les vidéos

Le Canal Royal en Languedoc, Jacques Morand, Les films de l'Autan, commentaires intéressants et pertinents.
Le Canal du Midi, Michel Fouet Iximage.

Le Pont des 3 yeux entre Vias et Agde

7

7.4 ADRESSES UTILES

Association
"Le Canal du Midi en Languedoc"
École Jean Jaurès
Place du 14 juillet
34420 Portiragnes
http ://www.canalmidi.com

Voies Navigables de France
Pont Rouge
34500 Béziers
04 67 11 81 30

Voies Navigables de France
Port du Canal
11000 Carcassonne
04 68 71 74 55

Voies Navigables de France
8 Port Saint Étienne
31079 Toulouse Cedex 5
05 61 36 24 24 - http ://www.vnf.fr

Comité départemental du tourisme
de l'Aude
Rue Moulin de la Seigne
11855 Carcassonne Cedex 9
04 68 11 66 00 - http ://www.audetourisme.com

Comité départemental du tourisme
de la Haute-Garonne
14 rue Bayard
31000 Toulouse
05 61 99 44 00 - http ://www.cdt-haute-garonne.fr

Comité départemental du tourisme
de l'Hérault
1977 avenue des Moulins
34080 Montpellier
04 67 84 71 70 - http ://www.cdt-herault.fr

Office municipal de tourisme d'Agde
Place Molière
34300 Agde
04 67 94 29 68 - http ://www.ville-agde.fr

Office du tourisme de Béziers
5 place Jean Jaurès
34500 Béziers
04 67 76 47 00 - http ://www.ville-beziers.fr

Office du tourisme de Carcassonne
15 Boulevard C. Palletan
11012 Carcassonne
04 68 10 24 30 - http ://www.tourisme.fr/carcassonne

Office de tourisme de Castelnaudary
Place de la République
11400 Castelnaudary
04 68 23 05 73 - http ://www.ville-castelnaudary.fr

Office de tourisme de Narbonne
Place Salengro
11100 Narbonne
04 68 65 15 60 - http ://www.mairie-narbonne.fr

Office du tourisme de Toulouse
Donjon du Capitole
31000 Toulouse
05 61 11 02 22 - http ://www.toulouse.com

Location de vélos

Béziers
JB'S - Location de vélos
Écluses de Fonsérannes
34500 Béziers
06 11 75 62 28 - http ://www.jbsvelo.com

Carcassonne
Évasion 2 roues
85 allée d'Iéna
11000 Carcassonne
Tél. 04 68 11 90 40

Narbonne
Cycles Cancel Alain
50 Boulevard Frédéric Mistral
11100 Narbonne
Tél. 04 68 65 12 26

Portiragnes
Domaine de Cassafières
34420 Portiragnes
Tél. 04 67 90 90 32 – fax 04 67 90 94 97
Mobile : 06 11 05 07 75
Email : michelsicard@oreka.com

Salleles d'Aude
Vélo's – Midi Cycle
1 Quai d'Alsace (près de l'ecluse et du pont)
11590 Sallèles d'Aude
Tél. 04 68 46 18 15
Mobile : 06 67 86 72 56
Email : velos.salleles@laposte.net

Toulouse
Holiday Bikes
8 bd Matabiau
31000 Toulouse
Tél. 05 34 41 63 08 - Fax 05 34 41 63 34

Movimento
5 port St Sauveur
31000 Toulouse
Tél. 05 62 17 23 54 - Fax 05 62 17 50 16

Achevé d'imprimer en janvier 2010
Dépôt légal à parution

Imprimé en UE